Archaeology

The discovery of material remains from the recent or the ancient past has always been a source of fascination, but the development of archaeology as an academic discipline which interpreted such finds is relatively recent. It was the work of Winckelmann at Pompeii in the 1760s which first revealed the potential of systematic excavation to scholars and the wider public. Pioneering figures of the nineteenth century such as Schliemann, Layard and Petrie transformed archaeology from a search for ancient artifacts, by means as crude as using gunpowder to break into a tomb, to a science which drew from a wide range of disciplines - ancient languages and literature, geology, chemistry, social history - to increase our understanding of human life and society in the remote past.

Die altpersischen Keil-inschriften von Persepolis

The decipherment of the ancient cuneiform scripts was one of the major breakthroughs in nineteenth-century archaeology and linguistics. Among the scholars working on Old Persian was Christian Lassen (1800–76), professor of Sanskrit at Bonn. Lassen's book on cuneiform inscriptions from Persepolis appeared in 1836, a month before his friend Eugène Burnouf independently published very similar conclusions. Lassen's account gives vivid insights into the detective work involved, as he painstakingly compares individual words and grammatical forms with their Avestan and Sanskrit equivalents, and proposes sounds for the symbols. The book uses a specially designed cuneiform font, and credits the printer, Georgi of Bonn. This Cambridge Library Collection volume also includes a short monograph on Old Persian phonology published in Berlin in 1847 by the Assyriologist Julius Oppert (1825–1905). Oppert revisits Lassen's conclusions in the light of Henry Creswicke Rawlinson's important 1846 memoir on the trilingual Behistun inscription.

Cambridge University Press has long been a pioneer in the reissuing of out-of-print titles from its own backlist, producing digital reprints of books that are still sought after by scholars and students but could not be reprinted economically using traditional technology. The Cambridge Library Collection extends this activity to a wider range of books which are still of importance to researchers and professionals, either for the source material they contain, or as landmarks in the history of their academic discipline.

Drawing from the world-renowned collections in the Cambridge University Library and other partner libraries, and guided by the advice of experts in each subject area, Cambridge University Press is using state-of-the-art scanning machines in its own Printing House to capture the content of each book selected for inclusion. The files are processed to give a consistently clear, crisp image, and the books finished to the high quality standard for which the Press is recognised around the world. The latest print-on-demand technology ensures that the books will remain available indefinitely, and that orders for single or multiple copies can quickly be supplied.

The Cambridge Library Collection brings back to life books of enduring scholarly value (including out-of-copyright works originally issued by other publishers) across a wide range of disciplines in the humanities and social sciences and in science and technology.

Die altpersischen Keil-inschriften von Persepolis

and
Das Lautsystem des Altpersischen

C H R I S T I A N   L A S S E N
J U L I U S   O P P E R T

CAMBRIDGE
UNIVERSITY PRESS

University Printing House, Cambridge, CB2 8BS, United Kingdom

Cambridge University Press is part of the University of Cambridge.

It furthers the University's mission by disseminating knowledge in the pursuit of
education, learning and research at the highest international levels of excellence.

www.cambridge.org
Information on this title: www.cambridge.org/9781108079624

© in this compilation Cambridge University Press 2014

These editions first published 1836 and 1847
This digitally printed version 2014

ISBN 978-1-108-07962-4 Paperback

Die
Altpersischen Keil-Inschriften

von

Persepolis.

Entzifferung des Alphabets und Erklärung des Inhalts.

———

Nebst geographischen Untersuchungen
über die Lage der im Herodoteischen Satrapien -
Verzeichnisse und in einer Inschrift erwähnten
Altpersischen Völker.

Von

Dr. Christian Lassen,

ausserordentlichem Professor an der Rheinischen Friedrich - Wilhelms -
Universität, Ehrenmitgliede der Asiatischen Gesellschaften zu Calcutta
und London und der Königlich Norwegischen Gesellschaft der
Wissenschaften zu Drontheim.

Bonn,
bei Eduard Weber.
1836.

Vorwort.

Der Verfasser übergiebt dem gelehrten Publicum diese Abhandlung mit dem Wunsche, dass die darin geführten Untersuchungen sich seiner theilnehmenden Aufmerksamkeit, unbefangenen Prüfung und wohlwollenden Berichtigung erfreuen mögen.

Als der Druck dieser Schrift schon über die Hälfte vollendet war, erhielt der Verfasser ein Schreiben seines verehrten Freundes, Herrn Burnouf's, worin er ihn benachrichtigte, dass er mehrere Mémoiren, die er nächstens veröffentlichen werde, über denselben Gegenstand im Institute vorgelesen habe, und dass er dabei einige (so viel ich weiss) unedirte Inschriften habe benutzen können.

Hätte ich vor dem Anfange des Druckes gewusst, dass ein Gelehrter, der in der so unentbehrlichen Kenntniss des Zend die grössten Fort-

schritte gemacht, der dazu einen grössern Vorrath an Inschriften, dessen Mangel ich an mehr
als einer Stelle meines Werkes beklagt habe, besass,
und dessen sinnreichen Scharfsinn und unermü-
dete Ausdauer in paläographischen und grammatischen Untersuchungen ich aus gemeinschaftlichem
Arbeiten schon längst erkannt hatte, dass ein solcher, sage ich, sich dieselbe Aufgabe mit mir
gesetzt hatte: würde ich allerdings Bedenken ge-
tragen haben, meine Arbeit ohne Berathung
mit ihm zu veröffentlichen: ich hatte aber nicht
mehr die Wahl, und auch scheinen mir meine eigenen Untersuchungen eine hinreichende
Bürgschaft in ihren Ergebnissen zu besitzen, um
selbständig auftreten zu können. Das Publicum
hat auf jeden Fall den Vortheil, denselben Gegenstand von zwei Seiten her, unabhängig von
einander, behandelt zu erhalten.

Es kam hinzu, dass der Verfasser eine Ver-
pflichtung zur Bekanntmachung seiner Arbeit
übernommen hatte, indem das hohe Ministerium
mit einer Bereitwilligkeit, die der Verfasser sich
gedrungen fühlt, mit dem lebhaftesten Danke
öffentlich anzuerkennen, ihm die erforderliche
Summe bewilligt hatte, um bewegliche Typen der
Keilschrift verfertigen zu lassen. Es wäre in der

That, ohne dieses Hülfsmittel, unmöglich gewesen, mit der Untersuchung ins Einzelne zu gehen. Der Verfasser wagt kaum zu hoffen, dass seine Arbeit der Theilnahme und Aufmunterung würdig sey, welche eine so hohe Staatsbehörde ihr dadurch hat zu Theil werden lassen.

Das Schneiden der Stempel hat Hr. Buchdrucker Georgi die Güte gehabt selbst zu übernehmen und den Guss der Typen zu besorgen.

Da der Verfasser die Absicht hat, zu diesen Untersuchungen zurückzukehren, sey es ihm erlaubt, mit folgender Stelle aus Niebuhr's Lebensbeschreibung seines Vaters dieses Vorwort zu schliessen.

Diese Ruinen, ihre Inschriften und Basreliefs, waren durch drei frühere Reisende so weit abgezeichnet, dass sie die Aufmerksamkeit Niebuhr's als das wichtigste Denkmal des Orients mächtig erregten. Die Fülle der Inschriften und Bilder liessen hoffen, es werde sich einst ein Enträthseler finden, der, wenn ihm beide genau abgezeichnet vorlägen, sie vergleichend, jene verstehen werde: und Niebuhrs treffender Blick belehrte ihn, wie ungenügend die bisherigen Abzeichnungen seyen. Nichts von allem, was er in Asien gesehen, zog ihn so mächtig in der Erwartung an er konnte nicht rasten, ehe er Persepolis erreicht hatte, und die letzte Nacht verging ihm schlaflos. Das Bild dieser Ruinen blieb ihm sein Lebenlang unauslöschlich, sie waren für ihn das Juwel von allem, was er gesehen.

Vierthalb Wochen verweilte er unter ihnen, in einer Wüstenei, und in dieser Zeit arbeitete er ununterbrochen die Trümmer zu messen und abzuzeichnen. Die hoch an den Mauern stehenden Inschriften waren nur dann deutlich zu erkennen, wenn die Sonne sie beschien; da nun in dieser Luft der harte ursprünglich polirte schwarze Marmor nicht verwittert, so wurden seine Augen, schon von der ununterbrochenen Arbeit äusserst angegriffen, sehr gefährlich entzündet; und diess, so wie der Tod seines armenischen Bedienten, nöthigte ihn, höchst widerstrebend das alte persische Heiligthum zu verlassen, ohne es durch Abzeichnungen erschöpft zu haben.

Bonn am Rhein, im Mai 1836.

Der Verfasser.

§. 1. Einleitung.

Das Länder - Gebiet, welches der Lauf des Tigris, und, wo beide Flüsse sich nähern, der des Euphrats im Westen, der Persische Meerbusen im Süden, die grosse Salzwüste im Osten, und der Gebirgs - Zug, dessen Mittelpunkt der hohe Demavend ist, im Norden umgränzen, ist die Heimath der urweltlichen Monarchien der Assyrer, Babylonier, Meder und der, die vor ihnen herrschenden Völker überwältigenden Perser. Es ist zugleich die Heimath einer eigenthümlichen Gattung von Schrift, die es bei uns üblich geworden ist, Keilschrift zu nennen, und die schon durch die Oertlichkeit ihres Vorkommens einen Zusammenhang mit jenen Weltreichen anzusprechen scheint. Ihre Elemente, keilförmige Striche und Winkelhaken, finden sich auf alten Denkmalen am See Wan, in der Nähe Hamadans, also Ecbatanas, in den Ruinen Babylons und an den Pallästen Persepolis wieder, nur auf verschiedene Weise zu Zeichen für Buchstaben oder Sylben verknüpft. Ausserhalb jener Gränzen erscheint sie nur als ein mit der weitgreifenden Herrschaft

1

der Achämeniden einherziehender Fremdling, wie auf der Landenge, die Asien von Africa trennt. Geographisch stellt sich also das Gebiet dieser Schrift in die Mitte zwischen die Semitischen Alphabete des westlichern und die Indischen des östlichern Asiens; andere alphabetische Schriftarten kennt das alte Asien nicht und die asiatische Paläographie wird erst durch die Entdeckung der Keilschrift vollständig.

In eben dieser Schrift war gewiss auch die Inschrift, die Darius am Bosporus auf die Denksäule des Scythischen Feldzugs hatte setzen lassen und die Herodot noch sah.*) Er nennt sie Assyrisch und diesen Namen brauchen auch sonst die Alten, wenn sie von Inschriften reden, die mit Gewissheit hieher gezählt werden können.

In unserer Zeit, wo man mit so vielem Eifer jede Gattung von Ueberbleibseln des Alterthums zu sammeln und zu deuten sich bemüht, konnte es nicht ausbleiben, dass man die Aufmerksamkeit auch diesen Inschriften zuwendete. Es hatte gewiss einen grossen Reiz, Monumente zu verstehen, die unter den Augen von Königen errichtet seyn konnten, deren Namen an Salamis und Marathon erinnern, und die durch Aeschylus und Herodot in der Poesie und Geschichte für immer heimisch geworden sind, nicht zu reden von denjenigen Inschriften, die der halb fabelhaften Geschichte der Assyrer und Meder angehören moch-

---

*) IV. 87.

ten, wie die von Ecbatana und dem See Wan. Abgesehen von dem möglichen Inhalt konnte man gewiss seyn, dass die gelungene Entzifferung uns mit Sprachen bekannt machen würde, von denen uns sonst nichts überliefert worden ist. Denn man war bald dahin gekommen, mehrere Gattungen dieser Schrift zu unterscheiden.

Es ist nicht die Absicht, hier die Geschichte dieser Bemühungen zu erzählen; hier genügt es zu sagen, dass von der einfachsten Gattung Hr. Grotefend ein Alphabet aufgestellt hat, nachdem es ihm gelungen war, die Namen Xerxes und Darius in den Inschriften von Persepolis zu entdecken. Diese Entdeckung ist gewiss eine der schönsten, die auf dem Gebiete der Paläographie gemacht werden können und wird ihrem Urheber einen bleibenden Namen unter denen sichern, die durch Scharfsinn und eine glückliche Gabe der Divination die Gränzen der alt-asiatischen Philologie erweitert haben.

Es war viel zu wissen, dass wir, wenigstens in der einfacheren Schriftart, ein Alphabet vor uns hatten, und eine so sichere Grundlage der weitern Entzifferung zu besitzen, als historisch bekannte Namen. Xerxes, Darius, Hystaspes sind sicher mit diesem Alphabete erkannt; wir lesen damit ein Wort, welches König, ein anderes, welches Länder bedeuten muss; die grammatische Form aber, die beiden gegeben wird, erscheint jedem Kenner des Zends und Sanskrits befremdlich.

Dieses ist nun aber auch alles, was, mit jenem Alphabete gelesen, an bekannte und verständliche Worte erinnert. Wollen wir es weiter anwenden, so erhalten wir unbekannte Wörter, verdächtig erscheinende grammatische Formen, ja oft Sylben, die geradezu unaussprechbar sind, wenn nicht Fehler der Abschrift angenommen werden; ein bedenkliches Mittel bei der augenscheinlichen gewissenhaften Treue Niebuhr's, zumal wenn seine Abschriften mit denen eines spätern Reisenden, Sir Robert Ker Porter's, genau übereinstimmen.

Ich frage jeden, der die Probe angestellt hat und die Kenntnisse besass, sie gehörig anstellen zu können, ob in den eben ausgesprochenen Behauptungen die geringste Uebertreibung ist.

Ist jenes Alphabet demnach richtig, so hat die Entzifferung uns bis jetzt keinen grossen Aufschluss über das Einzelne des Inhalts von jenen Inschriften gebracht, und die Sprache muss noch gefunden werden, die uns das Verständniss öffnet.

Eine wiederholte Untersuchung hat mich überzeugt, dass das bisherige Alphabet nur halb richtig ist, dass die Inschriften uns die Mittel darbieten, ein richtigeres zu finden, und dass, damit gelesen, der Inhalt sich aus der Kenntniss des Zends und Sanskrits grösstentheils von selbst ergiebt.

Dieses darzuthun ist der Zweck der folgenden Abhandlung.

Sie bezweckt nicht, die verschiedenen Denkmale der Keilschrift, die Fundorte der Inschriften aufzuzählen oder die Unterschiede ihrer Gattungen nachzuweisen; sie will blos die Entzifferung der einfachsten Gattung vervollständigen und den Inhalt der Inschriften darlegen; nicht den ganzen Gegenstand erschöpfen, sondern das enger gezogene Gebiet genauer und methodischer durchforschen. Ich hoffe dadurch zugleich eine tüchtigere Grundlage für die Entwirrung der übrigen verschlungenern Schriftsysteme zu gewinnen.

Was über die Keilschrift im Allgemeinen bis jetzt sicheres oder wahrscheinliches ausgemittelt worden ist, verdanken wir in der That hauptsächlich Hrn. Grotefend. Seine unten angeführte Abhandlung überhebt mich der Mühe, eine allgemeine Einleitung über die ganze Frage voranzuschicken und weist zugleich auf andere, theils eigene, theils fremde Behandlungen des Gegenstandes hin. *)

---

*) Ueber die Erklärung der Keilschriften und besonders der Inschriften von Persepolis, eine Beilage zu Heeren's Ideen. Ich benutze die Ausgabe Gött. 1824, Ideen 1ster Thl. 2te Abthlg. Histor. Werke 11ter Thl. S. 325.

Nachricht von später entdeckten noch nicht copirten Inschriften findet sich in den Reisen Sir Robert Ker Porter's in Persien. Thl. I. S. 524. 570. 655. 679. Thl. II. S. 120. 157. 414. Die Reise unseres unglücklichen Landsmannes, Professor Schulz aus Giessen, wird deren bald viele neue hinzufügen.

Um der folgenden Untersuchung die ihr nöthige Freiheit zu sichern, muss ich zuerst die Basis prüfen, auf welcher Hr. Grotefend sein Alphabet errichtet hat. Wären seine Fundamente unerschütterlich, so hätten wir keine andere Aufgabe, als die mit diesem Alphabete gelesenen Inschriften nach Möglichkeit zu erklären. Sind sie es aber nicht, müssen wir uns zuerst nach Mitteln umsehen, um ein berichtigtes Alphabet an die Stelle setzen zu können.

Ich hoffe, diese Kritik ist auf eine Weise abgefasst, dass die Verdienste eines geschätzten Vorgängers keineswegs verkleinert worden sind. Ich will sein Fortsetzer, nicht sein Gegner seyn.

Ich unterscheide zuerst zwischen dem, welches in dem frühern Alphabete sicher ist, und dem, welches ich glaube verwerfen oder wenigstens vorläufig bezweifeln zu müssen; welches auf nichts gestützt ist, als eine Meinung, die einer andern gegenüber sich nur durch Gründe und Beweise behaupten lässt.

Da nicht mehr bezweifelt wird, dass die Königsnamen richtig gelesen worden sind, so folgt von selbst, dass der Werth der in ihnen enthaltenen Buchstaben im Ganzen richtig bestimmt ist; ich sage, im Ganzen, um der spätern Untersuchung das Recht einer schärfern Fassung der Bestimmungen nicht abzuschneiden. Das Bedürfniss der schärfern Bestimmung entsteht aber erst mit der fortschreitenden Entzifferung und ob z. B. Darius mit einem d oder d' (dh) geschrieben

ist, ist eine Frage, worüber wir eine andere Ansicht, als unser Vorgänger haben können, ohne
dass sein Verdienst, den Buchstaben zuerst richtig bestimmt zu haben, dadurch bezweifelt wird.
Ich hoffe in der That zeigen zu können, dass
beinahe nur in solchen schärfern Umschreibun-
gen der Laute bei jenem Namen gefehlt worden ist.

Was ich für angreifbar, für theils irrig, theils
nicht hinlänglich begründet halte, sind die Bestimmungen der übrigen Buchstaben.

Auf welche Weise Hr. Grotefend verfuhr,
um diesen Buchstaben ihre Geltung zu finden,
hat er nicht im Einzelnen dargelegt. Ich finde
nur eine allgemeine Bemerkung darüber; wir
wollen sehen, ob uns diese genügen kann.

Hr. Grotefend sagt a. a. O. S. 352: „Von
der Art, wie ich nach und nach die Bedeutung
aller übrigen Charaktere herauszubringen ver-
suchte, brauche ich nichts zu sagen, indem es aus
dem Bisherigen genug erhellt, dass ich in allem
vernunftmässig und ohne Willkühr zu Werke
ging, und dass meine Entzifferung nicht den Vorwurf eines blinden Zufalls verdient, welchen mir
einige Anhänger meiner Gegner haben aufbürden wollen."

Bei den Königsnamen hatte er eine Richtschnur an der bekannten Form der Namen selbst;
hier galt es nur, die Form des Namens zu finden, in die sich die Charaktere fügten. Ich habe
schon gesagt, dass ich hier wenig zu erinnern
habe. Hatte er aber bei den übrigen Wörtern

eine solche Richtschnur? Nein! er wusste nicht
was herausgelesen werden sollte, kannte nicht
im voraus die Wörter, auf welche die Zeichen
passen sollten. Worin kann denn das vernunft-
mässige Verfahren bestanden haben? Doch wohl
nur darin, dass er suchte das Unbekannte durch
das schon Bekannte zu finden, dass er Wörter
aufsuchte, in welchen die bekannten Buchstaben
neben den noch unbekannten auf solche Weise
gemischt vorkamen, dass sich diese durch jene
bestimmen liessen.

Ich bestreite nun ganz und gar nicht, dass
Hr. Grotefend sich auf diese Weise bemüht hat,
vernunftgemäss zu verfahren; aber ich läugne,
dass die Mittel, deren er sich bedienen konnte,
um so zu verfahren, der Art waren, dass er dadurch zu sichern Ergebnissen gelangen konnte.

Ich kann mir nur drei Wege denken, die er
einschlagen konnte, um mit Hülfe der schon bekannten Buchstaben die Geltung der noch unbe-
stimmten Zeichen zu finden. Ich werde jedes
dieser drei Hülfsmittel prüfen.

Erstens die Figur der Buchstaben.

Wären die drei Grundzüge der Keilschrift, der
Winkelhaken, der senkrechte und der Quer-Keil
immer so angewendet, dass bei der Bildung der
Buchstaben aus ihnen, jedem Elemente eine identische oder ähnliche Bedeutung verbliebe, so wäre
die Möglichkeit vorhanden, aus der blossen Form
der Buchstaben ihre Geltung zu errathen. Zum
Beispiel. Der Winkelhaken bedeute einen Hauch,

dann wären alle adspirirten Buchstaben aus dem
Vorhandenseyn des Winkelhakens in ihnen er-
kennbar; oder der senkrechte Strich bedeute
einen Zischlaut. Aber schon die beiden im Namen des Hystaspes vorkommenden Zischlaute (s'
und ç) beweisen, dass dieses Princip entweder
gar nicht oder wenigstens nicht so wahrnehmbar
in der Keilschrift ist, dass dadurch die Geltung
der Zeichen aus ihrer Figur zu folgern ist.

Oder das Keil-Alphabet besässe eine solche
Aehnlichkeit mit einem andern bekannten, dass
die Vergleichung beider uns die gewünschte
Aufklärung gäbe. Das einzige, an welches man
hiebei denken könnte, wäre das Zend-Alpha-
bet. Aber der flüchtigste Anblick belehrt, dass
eine solche Aehnlichkeit beider in der Form der
Buchstaben gar nicht vorkommt; es lässt sich
höchstens das â der Keilschrift mit dem drei-
strichigen â des Zends zusammenhalten. Ich rede
nur von äusserer Aehnlichkeit, die erst gefunden
seyn muss, ehe von der innern, der Anzahl und
den Unterscheidungen der Laute die Rede seyn
kann. Als Entzifferungs-Mittel ist das Zend-Al-
phabet nicht brauchbar.

Ich komme auf das zweite, die Sprache.

Wäre die Sprache, worin die Inschriften geschrieben sind, oder eine nahe verwandte bekannt
gewesen, so wäre mit Hülfe von vierzehn entzifferten Buchstaben (so viele enthalten die Königs-
Namen) ohne Zweifel der Rest zu entdecken gewesen. Es wird jeder Sprachforscher eine solche

Wette eingehen, vorausgesetzt, dass die Inschriften genau und fehlerfrei copirt, die Buchstaben unterscheidbar geschrieben seyen. Aber die Sprache muss ihm geläufig seyn, und hier war sie ganz unbekannt.

Nun stand aber diese einfachste Gattung von Keilschrift immer über den beiden andern; Darius und Xerxes werden nur die Sprache ihres Volkes über die andern ihrer grossen Monarchie gestellt haben; man nahm also an, dieses sey Altpersisch. Gewiss mit Recht. Dieses ist aber ganz unbekannt, und wir besitzen darin eben nur diese Iuschriften. Das Neu-Persische zu Hülfe nehmen zu wollen, wird jetzt keinem gründlichen Sprachforscher einfallen, ich wüsste nur einen, dem ich eine solche Verkehrtheit zutraue, und gewiss ist dieses nicht Hr. Grotefend. Er nahm seine Zuflucht zum Zend und gewiss auch dieses mit Recht. Da dieses nun im östlichen Persien zu Hause gewesen seyn muss (dieses liesse sich aus dem geographischen Capitel des Vendidad *) schliessen; es ist jetzt nach Burnouf's schönen Untersuchungen **) nicht mehr zweifelhaft) so wäre eine Sprache gefunden, die in aller Wahrscheinlichkeit die unbekannte Altpersische ersetzen könnte.

Ich werde mich eben dieses Hülfsmittels nicht sowohl zur Entzifferung des Alphabets, als zur

---

*) Fargard. I.
**) Yaçna. Not. p. XCIII.

Erklärung der Wörter bedienen. Hr. Grotefend hat nun dasselbe gethan; wie kann ich denn seine Resultate bestreiten?

Weil ich behaupte, dass erstens die Art, wie ihm das Zend bekannt war, zweitens die Art, wie er dessen Verhältniss zum Altpersischen auffasste, ihn irre leiten musste.

Ich fange mit dem zweiten an. Hr. Grotefend nimmt Identität, nicht dialektische Verwandtschaft des Zends und Altpersischen an. „Mir genügt," sagt er S. 354, „unbezweifelbar gezeigt zu haben, dass Zend die Sprache der Inschriften von der ersten Gattung sey." Wenn er in dem Worte, welches er *dahutschdo* liesst und mit „der Länder" übersetzt, diesen unbezweifelbaren Beweis findet, so ist er genügsamer, als billig ist. Die Zendform ist *dañghunám* oder *daqyunám*. Dieses Wort bildet aber seinen besten Beweis für den Satz und ich will mich nicht des leichten Vortheils bedienen, mit seinem Alphabete andere Wörter zu lesen, die eher alles andere als Zend seyn können. Hätte er gesagt, diese Sprache sey ein Dialect des Zends, so wäre ein wahrscheinlicher Beweis in dem Worte, obwohl diese Endung des Genitiv Pluralis nichts analoges hat in dem ganzen Gebiete der Sprachen, die zur Familie des Zends gehören.

Es könnte scheinen, als ob diese Unterscheidung zwischen Identität und Verwandtschaft eine leere Wortklauberei sey, dasselbe Wort wird aber zeigen, dass dem nicht so sey. Lesen wir dafür *dahunám*,

so haben wir eine Form, die sich sogleich als
ächt darstellt, aber zugleich als dialektisch vom
Zend unterschieden. Die Endung hat ein langes
â vor m, wie das Sanskrit, nicht das nasalirende
a͂ des Zends. Das Thema des Wortes hat ebenso
eine dialektische Abweichung vom Zend, es fehlt
das diesem eigenthümliche n͂g vor h, welches dem
Indischen s entspricht. Wir würden aber durch
die Annahme der Identität verführt werden, für
das h ein qy oder n͂gh in dem Worte zu suchen,
um eine Gleichheit der Form herauszukünsteln,
die weder vorhanden, noch erforderlich ist; wenn
wir das Verhältniss richtig ansehen.

Es giebt ohnehin ein ausdrückliches Zeugniss
der Geschichte über das Verhältniss der alten
Sprachen Persiens zu einander. Strabo sagt XV.
p. 724. (Ariana §. 8. ed. Tzsch.): „Ἐπεκτείνεται
δὲ τοὔνομα τῆς Ἀριανῆς μέχρι μέρους τινὸς καὶ Περ-
σῶν, καὶ Μήδων, καὶ ἔτι τῶν πρὸς ἄρκτον Βακτρίων,
καὶ Σογδιανῶν· εἰσὶ γάρ πως καὶ ὁμόγλωττοι παρὰ
μικρόν." Diese Nachricht ist ohne Zweifel aus
einem Geschichtschreiber der Macedonischen Zeit
und gilt unbedenklich für die Periode der Achämeniden, so gut wie die ähnliche von der Kar-
manischen Sprache aus Nearch; p. 727. §. 14.
Νέαρχος δὲ τὰ πλεῖστα ἔθη καὶ τὴν διάλεκτον τῶν
Καρμανιτῶν Περσικά τε καὶ Μηδικὰ εἴρηκέ.

Es steht also durch ein ausdrückliches Zeugniss fest, dass in den Gegenden, denen wir zunächst den Namen Iran beilegen können, ehemals
zwei nahe verwandte, jedoch dialektisch verschie-

dene Hauptsprachen herrschten: die Medisch-Persische, wozu die der Karmaniten gehörte, und die Sogdisch-Baktrische. In der letzten müssen wir das Zend, in der ersten die Sprache unserer Inschriften suchen.

Das Zend hat unter andern Eigenthümlichkeiten besonders die der Epenthese der kurzen Vocale *i* und *u*, vorzüglich des *i*. Ist dieses aber auch für das Altpersische anzunehmen? Aus der Voraussetzung der Identität würde dieses folgen; allein das Gesetz dieser Epenthese wäre auch mit einem falschen Alphabete in unsern Inschriften zu entdecken und es zeigt sich keine Spur davon. Weil man aber den Vocal-Reichthum des Zends wiederfinden zu müssen glaubte, hatte man mehr als Einen Keil-Consonanten in einen Vocal verwandelt. Daher nannte ich die vorausgesetzte Identität des Zends und Altpersischen irre leitend. Man lasse im Zend die Epenthesen weg und sage *pati* für *paiti*, *uti* für *uiti*, *hâti* für *hâiti* (s'ihâtis steht oft in den Inschriften), und es ist nicht vocalreicher, als manche andere Sprache.

Der andere Grund, warum das Zend ein trügerischer Leitstern seyn musste, ist dieser. Es war damals auf eine Weise mitgetheilt, die irre führen musste. Viele Buchstaben waren von Anquetil falsch bestimmt und verwechselt, die Formen sehr mangelhaft und irrig angegeben. Nach Burnouf's und Bopp's Arbeiten ist dieses eine Thatsache, die keiner Erörterung bedarf.

Hr. Grotefend hätte nie eine Form, wie *dahu-tschảo*, aufgestellt, hätte er das Zend gekannt, wie wir es jetzt kennen. Es trifft ihn aber deswegen kein Vorwurf, er konnte nur benutzen, was ihm zugänglich war.

Es geht aber zugleich hervor, dass das zweite Hülfsmittel, das ihm zu Gebote stand, keineswe-ges, bei allem vernunftmässigen Verfahren, vor Irrthum sicherte, dass es ihn im Gegentheil theil-weise irre führen musste. Es war ein brauch-bares Werkzeug, welches aber theils im Unstande war, theils falsch von ihm gehandhabt wurde.

Da er nun den dritten Weg, den ich sogleich angeben werde, gar nicht einschlug, so haben wir dargethan, dass seine Bestimmungen eines grossen Theils der Keil-Buchstaben auf keiner sehr sicheren Basis ruhen; ich will ihm kein unver-nunftmässiges oder willkührliches Verfahren auf-bürden, aber ich drehe seinen Satz um und sage, dass es ein blinder Zufall gewesen, wenn er alles richtig getroffen hätte.

Wir werden uns also erlauben, von seinem Alphabete nur das für richtig zu halten, wofür wir Gründe der Bestätigung anführen können und unbedenklich davon abweichen, wenn wir uns dazu berechtigt fühlen, indem wir weniger trügerische Hülfsmittel anwenden. Der Macht-spruch, dass nichts willkührlich angenommen sey, darf uns nicht hindern, die Untersuchung von neuem anzustellen.

Man wird mir zugeben, dass Eigennamen, die

uns ebenso bekannt sind, wie die des Darius und
Xerxes, ein vortreffliches Mittel der weiteren Entzifferung darbieten würden, wenn es gelänge,
solche in diesen Inschriften zu entdecken. Es ist
dieses das dritte der Hülfsmittel, die ich oben
aufzählte.

Herodot*) giebt an, dass Darius auf die Säu-
len, die er am Bosporus zum Andenken an seinen
Scythischen Feldzug errichten liess, in Griechischer und Assyrischer Schrift die Namen der ihn
begleitenden Völker hatte eingraben lassen. Da
wir nun Darstellungen tribut-bringender Völker
an den Pallästen, woher die Inschriften kommen,
erkennen, so lag es nahe, ein solches Völkerver-
zeichniss hier zu suchen. Ich suchte also mit
Hülfe der sicher entzifferten Buchstaben des Grotefend's schen Alphabets die grössern Inschriften
durch und entdeckte bald ein solches in der Niebuhr'schen Inschrift I.

Aus der Untersuchung dieser Namen ergab
sich bald die Geltung beinahe aller noch unbekannten Zeichen. Man wird sehen, dass die Ordnung, worin die Völker aufgezählt sind, so genau
mit ihrer geographischen Lage übereinstimmt,
dass ihre Namen so gut den aus Herodot und
dem Zendavesta bekannten entsprechen, endlich,
dass die Wörter, die wir mit dem so gewonnenen
Alphabet lesen, in ihrer Form eine zwar eigenthümliche aber aus dem Zend so leicht zu begrei-

---

*) IV. 87.

fende Grammatik zeigen, dass wir es wagen dürfen, unserm berichtigten Alphabete eine mehr als
vorübergehende Dauer zu versprechen.

Ich lege das Ergebniss dieser Untersuchungen
hiermit der gelehrten Welt vor und muss es
abwarten, ob mein Entzifferungs - Versuch die
Probe der Kritik wird bestehen können.

Man wird finden, dass die Aenderungen, die
ich in dem frühern Alphabet mache, theils den
Werth der einzelnen Charaktere betreffen, theils
das Wesen der Schrift selbst. Die letztere ist natürlich die wichtigere und greift so sehr in das
Wesen des Alphabets ein, dass dadurch ein ganz
anderes System des Lesens aufgestellt wird. Ich
glaube nämlich erwiesen zu haben, dass der Vocal *a* nur i n i t i a l, in der Mitte nur vor *h* und
vor andern V o c a l e n ausdrücklich durch ein
Schriftzeichen geschrieben, allen Consonanten dagegen inhärirt, wenn er nicht durch ein anderes
Vocalzeichen ausgeschlossen wird. Also ein System, welches grosse Aehnlickeit mit dem der Indischen Alphabete hat. Wie ich zu dieser Induction gelange, kann ich erst später zeigen. Hier
nur vorläufig so viel, dass Wörter, wie *çprd* (I.
Z. 12.), auch nach dem Grotefend'schen Alphabete
nur Consonanten enthalten. Er wird also in solchen Fällen entweder mein System zugeben müssen, oder Fehler annehmen: eine Annahme, die
kaum zulässig ist, da zwei unabhängige Copisten,
Niebuhr und Porter, dasselbe geben und zwar
nicht in jenem Worte allein, sondern in einer

Menge. Die Fehler müssten also den ursprünglichen Steinhauern zugeschrieben werden, was
noch unzulässiger ist.

Es hätte diese Eigenthümlichkeit sich auch
ohne Kenntniss des vollständigen Alphabets entdecken lassen können; aber gerade die drei Namen
Xerxes, Darius, Hystaspes boten kein deutliches
Beispiel des Systems dar, weil theils andere Vocale
als a in den Sylben waren (u, i, u), theils h und
ein anderer Vocal folgte (in vis'tâçpahâ, dâr-
h ᵃwa us'), theils die Aussprache das a nicht un-
abweisbar fordert (dârhᵃwus' und dârhwus').
Es ist das Ei des Columbus.

Ich habe bis jetzt keine Erwähnung der Arbeiten des Herrn St. Martin gethan; er hat einiges
in dem frühern Alphabete und auch dieses nur
Einmal mit Recht geändert, ohne im Wesentlichen
weiter zu kommen. Aus seinen Abhandlungen
besitzen wir nur Auszüge *); ihr vollständiger Ab-
druck steht in der Gesammtausgabe seiner Werke
zu erwarten. Sein Alphabet hat unser verstorbe-
ner Landsmann *Klaproth* berichtigt herausgegeben
und zwar nach seiner Weise mit nicht geringer
Zuversicht angepriesen **). Hr. St. Martin selbst
giebt uns eine grosse Zurüstung von allgemeinen
einleitenden Erörterungen und macht nicht un-
deutlich Ansprüche auf eine tiefere Kenntniss des
Zends, als damals vorhanden war. Wenn die

---

*) Im Journ. Asiat. Tom. II.
**) Aperçu de l'origine des diverses écritures de l'ancien
    monde. Paris 1832, p. 62.

Wörter also wo möglich noch unzendischer werden, als sie vorher waren, hat es nicht dieselbe
Entschuldigung. Auch er überhäuft sie mit Vocalen und wirft verschiedene Buchstaben zusammen, als Varianten eines und desselben. Lob verdient, dass er sich bescheidet, einige Zeichen als
unentziffert hinzustellen.

Mit grösserer Kenntniss des Zends ausgerüstet
musste der eifrige und sinnreiche Sprachforscher
Rask leicht entdecken, dass einiges in dem frühern
Alphabete nicht richtig sey. Die wenigen Bemer-
kungen, die er darüber mittheilt, zeugen von richtiger Einsicht in die Sache und hätte er sich ernst-
hafter, als der Fall gewesen zu seyn scheint, damit beschäftigt, zweifele ich nicht, dass er weit
mehr Neuerungen vorgeschlagen hätte. Ihm verdanken wir die Kenntniss zweier wichtigen Buchstaben *).

Ueber die Ordnung, die ich befolge, habe
ich nur einiges zu bemerken. Um die Gründe,
die mir bei der Bestimmung eines Buchstabens
von Gewicht schienen, so viel wie möglich beisammen zu haben, und um Wiederhohlungen zu
vermeiden, habe ich einzelne Theile der ursprünglichen Untersuchung umgestellt. Eine ganz syste-
matische Anordnung hätte einige Vorzüge gehabt,
würde aber der Abhandlung ihren genetischen
Charakter genommen haben; ich wünschte, dass
der Leser mit mir Schritt vor Schritt von dem

---

*) Journ. Asiat. Tom. II. p. 152.

Bekannten auf die Entdeckung des Unbekannten
geleitet werden sollte. Auch habe ich überall gesucht, das Zweifelhafte von dem Sichern zu unterscheiden und meine eigene Unwissenheit nicht
verschwiegen, wo ich nicht eine hinreichende Ge-
währschaft für eine Meinung zu haben glaubte.
Auf einem so neuen Gebiete alles mit Einem
Wurfe gewinnen zu wollen, ist ein sicheres Zeichen, noch weit vom Ziele zu seyn.

Die Erklärung der Inschriften war eine noth-
wendige Zugabe; eine Entzifferung erhält doch
immer ihre beste Bestätigung, wenn wir durch sie
etwas verständliches herauslesen. Auch darf ich
sagen, dass ich durch die Sicherheit, womit einzelne Inschriften sich erklären liessen, selbst über-
rascht war. Anderes muss hier noch der Zukunft
überlassen bleiben; die fortschreitende Erkenntniss
des Zends und neue Inschriften, die hier einzeln
vorkommende Wörter in einer aufhellenden Um-
gebung zeigen, werden dazu beitragen.

Die Inschriften, die ich behandele, sind zuerst die Niebuhr'schen dieser Gattung der Keilschrift; bei ihm A. B. G. H. I. *). Von seinen
A. H. I. hat Sir Robert K. Porter ebenfalls Abschriften gegeben, ich führe sie mit denselben
Siglen an **).

Die grosse Inschrift bei Le Brun ***) No. 131.

---

*) N. s. Reise 2ter Thl. Kopenh. 1778. Tab. XXIV. XXXI.
**) Travels I. tab. 44 (= A.) tab. 55. a. (= H.) 55. b. (= I.)
***) Voyages par Corneille Le Brun, etc. Amsterdam 1718.
    fol. Tom. II. p. 272.

ist wichtig und leicht herzustellen mit Hülfe der übrigen. Was er sonst giebt, sind Bruchstücke, die sehr bedauern lassen, dass sie nicht vollständig und gehörig copirt worden sind. Ich bezeichne die grosse mit L. B., die Bruchstücke mit ihren Nummern.

Was Chardin und Kaempfer geben, hat gegenwärtig gar keinen Werth und ich liess beide. bei Seite.

Eine neue Inschrift, die von Murghab, hat Porter am besten copirt; ich benutze also seine Abschrift (M.). Die der Pariser Vase (P.), so wie die mangelhaft copirte von Suez bei Denon haben nichts eigenes sonst nicht Bekanntes. Ich. habe diese also nur nebenbei berührt. Andere Inschriften dieser Gattung einfacher Keilschrift sind mir nicht zugänglich.

Ich habe mich noch über die Art zu erklären, wie ich die verschiedenen Abschriften in Bezug auf ihre Genauigkeit gegen einander schätze. Le Brun lässt so gewöhnlich von zwei oder drei kleinen Querkeilen einen weg, dass dadurch eine beständige Verwechselung verschiedener Buchstaben entsteht, die flüchtigste Vergleichung identischer Reihen von Zeichen bei ihm und Niebuhr oder Porter zeigt dieses; auch lässt er manchmal von einem Winkelhaken die Hälfte weg, so dass daraus ein schräger Keil wird; und ähnliche Fehler. Er war also zur Begründung des Alphabets gar nicht zu brauchen, ja er scheint Hrn. Grotefend misstrauischer gegen Niebuhr gemacht zu

haben, als recht und billig ist. Denn dieser ist
zum Bewundern genau und sorgfältig. Er belehrt
uns ausdrücklich (II. 134.), dass die Buchstaben
sehr genau von einander unterschieden sind und
beobachtet dieses stets in seinen Abschriften, während, wie er mit vollem Recht bemerkt, seine
Vorgänger dieses vernachlässigten. Er hat dadurch
die Untersuchung sehr erleichtert. Kleine Ver-
wechselungen der Striche sind höchst selten bei
ihm wahrzunehmen und unser Alphabet wird
ihn so ziemlich von den sphalmata freisprechen,
die man ihm hat aufbürden wollen. Er muss
noch besonders gelobt werden, weil er genau die
Lücken nebst den in ihnen noch sichtbaren Zügen
angegeben hat. Mehr als einmal ist es dadurch
möglich, das halberloschene Zeichen herzustellen.
Ich betrachte ihn demnach als meinen Hauptge-
währsmann, von dem ich nicht ohne dringende
Gründe abweiche.

Sir Robert übertraf den Niebuhr bedeutend
als Zeichner; auch als Abschreiber bemühte er sich
treu zu sein und im Ganzen ist es ihm auch gelungen. Doch hat das Gewirre der Keile und die
schimmernde Glätte des Marmors ihm mehr als
dem Niebuhr die Augen geblendet. Es ist ein
Glück, dass er uns gerade die drei grössern Inschriften Niebuhrs aufs neue gegeben hat; was wir
an neuem Stoffe verlieren, gewinnen wir an der
Authenticität der Abschriften. Es sind ohne Zweifel die identischen Originale, die er abschrieb;
die Abtheilung der Zeilen, auch die Lücken tref-

fen zusammen; nur sind diese bei Porter grösser
und häufiger; die schadhaften Züge waren seit
Niebuhrs Zeit noch mehr verwittert. Ich vermisse
bei Porter die scharfe Trennung der einzelnen
Buchstaben in dem Grade, wie es Niebuhr beobachtet hat, und hie und da ist eine gleichgültige Behandlung der Lücken; er lässt einen schadhaften
Buchstaben lieber ganz aus.

Wenn uns ein neuer Niebuhr oder Porter
doch die grossen Inschriften von Hamadan, Bisi-
tûn und den Königsgräbern zuführte oder wenigstens die noch nicht copirten von Persepolis. Es
wird da gewiss noch ein Verzeichniss der Völker
diesseits des Euphrats vorhanden seyn; von einer
interessanten Inschrift des Darius giebt uns Le
Brun nur eine Zeile.

Ich setze als bekannt voraus, dass diese Schrift
von der Linken zur Rechten gelesen wird, und
dass der kürzere schräge Keil der Worttheiler ist,
dessen Stelle in der Zendschrift der Punct vertritt. Auch muss ich einige Vertrautheit mit den
neuesten Untersuchungen über das Zend und dessen Verhältniss zum Sanskrit voraussetzen; solche
Untersuchungen hier anzustellen, wäre nur stö-
rend gewesen. Von den dahin einschlagenden
Werken ist mir meines verehrten Freundes Burnouf Commentar zum Yaçna eine Fundgrube der
schätzbarsten Aufklärungen gewesen.

§. 2. Die Namen Xerxes, Darius,
Hystaspes.

Dieser Abschnitt ist bestimmt, die in diesen
Namen vorkommenden Buchstaben einer neuen
Prüfung zu unterwerfen, weil sie die Grundlage
bilden, worauf das ganze Gebäude beruht, und
es uns daher vor allem wichtig seyn muss, so weit
möglich jeden Zweifel an der Richtigkeit ihrer
Entzifferung zu entfernen.

Ich werde mit dem Namen des Xerxes anfangen, weil wir dafür eine ebenso unerwartete,
als erwünschte und unverdächtige Bestätigung erhalten haben.

In der königlichen Antiken-Sammlung zu Paris
befindet sich auf einer alabasternen Vase eine
Keil-Inschrift nebst einer entsprechenden hieroglyphischen. Sie ist von Champollion*) gegeben
worden und zwar von der Rechten zur Linken
geschrieben, ich weiss nicht ob aus Versehen oder
nach dem Original. Der Name des Xerxes ist hier
ebenso geschrieben, wie in den obersten Inschriften von Persepolis. **) Die Zeichen sind folgende:
〈〈𒀹 𒆜 𒐊 𒅖 𒂖 𒆜 𒐊 𒀹 Die zwei folgenden
Worte: 𒂍 𒐊 𒀹 𒐕 𒐏 𒅖 𒌋 𒀹 kehren L. B. 10.
wieder und bedeuten, *rex magnus*. Hier gehen
sie uns noch nicht an; für das 𒐊 des mittlern
Wortes ist 𒆜 herzustellen.

---

*) Précis etc. pl. 7. no. 125, a. Auch in St. Martin's
Abhdlg. Journ. As. II. 67. 89.
**) G. 1. A. 6. 17.

Das erste Zeichen hält Grotefend für ch, das
zweite für sch; ich schreibe dafür k͑ und s͑ womit
ich dieselben Laute meine. Für diese Geltung
spricht Folgendes:

Das Wort für **König** fängt mit denselben
beiden Zeichen an und im Zend wie im Sanskrit
haben die Wörter, die wir vergleichen müssen, im
Anfange ebenfalls einen Gutturalen und Sibilanten; im Zend k͑s in k͑saêta und k͑sat͑ra, König*);
im Sanskrit त, d. h. k-s͑, in क्ति (मह्रोक्तित्) ks͑i, und
ks͑atra, Krieger, aus deren Kaste die Könige waren.
Auch in der Griechisch-Lateinischen Form Xerxes sind dieselben Elemente enthalten. Dass aber
das k ein adspirirtes sey, beruht auf folgenden
Gründen. Das Zend, die zunächst verwandte
Sprache, hat in dieser Verbindung ein adspirirtes
k, nicht wie das Sanskrit ein nicht adspirirtes.
Dasselbe Zeichen ist der zweite Buchstabe in dem
Worte *Achaemenide*, wo es die Griechen durch
χ wiedergeben; endlich finden wir ein anderes
Zeichen für das nicht adspirirte k, welches auch
am Ende der Wörter steht, wo das Zend ein k͑
nicht zulässt. Dieses kann erst später gezeigt werden. Die entsprechende Hieroglyphe war Champollion sonst nicht vorgekommen.

Nicht so leicht ist die Bestimmung des Sibilanten, weil das Zend nach k͑ sowohl s͑ (d. h. sch)
als s setzt, und weil unsere Inschriften das s noch
nicht dargeboten haben. Der dritte oder palatale

*) Yaçn. p. 370. Vend. ed. Ols. p. 14. 1.

(ç) kommt in der Keilschrift vor und die Wahl bleibt also nur zwischen sʿ und s. Burnouf bemerkt *), dass die ältern Manuscripte sʿ nach kʿ vorziehen, während die neuern zwischen sʿ und s hin und her schwanken. Für das sʿ spricht ferner das Sanskrit und auch die Hieroglyphe ist nach Champollion wahrscheinlich sʿ zu lesen. Gehen wir von zwei andern Gesichts-Puncten aus, lassen sich jedoch Gründe sowohl für s als für sʿ anführen. Erstens von dem Griechischen Stellvertreter dieses Consonanten, der nach dem *r* wiederkehrt, also durch das ξ vertreten wird; dieses führt auf s, weil die Griechen für das sʿ, was sie nicht hatten, ein gleichsam verstärktes σ, ein ξ, setzen mochten. Dagegen giebt Herodot**) an, dass die Persischen Wörter mit einem s endigten; diese Endung ist nun 〈〈, wie mehrere Beispiele nachher zeigen werden; also nach Herodot's Auffassung ein scharfes deutsches ss, nicht sch. Oder klang ihm das Persische sch (sʿ) gleich σ, weil sein Ohr an den Unterschied von s und s nicht gewohnt war?

Zweitens 〈〈 findet sich nach u, i, au (= ô) in Endungen, wo das Zend s hat; vor t in den Superlativen, wo auch das Zend s hat; dagegen steht 〈〈 im Innern der Wörter, wo das Zend sʿ hat (thisʿâm I. 3. = taêsʿâm, horum).

---

*) Yaç. p. 371.
**) I. 139. Die Einschränkung, die Herodots Behauptung erleiden muss, scheint mir von Herrn von Schlegel richtig dargelegt worden zu sein. Ind. Bibl. II. 308.

Es geht aus diesen Zusammenstellungen nicht klar hervor, welche Aussprache dem 𐎹 beizulegen sey, ob die des sʻ oder s; sicher und uns wichtiger ist jedoch, dass das Altpersische 𐎹 zum Theil anders gebraucht wird, als das Zendische sʻ und s. Vollständig wird man dieses erst erfahren, wenn wir in der Keilschrift entweder das dritte s entdecken oder auch, dass es nicht darin vorhanden war.

Das fünfte Zeichen ist das dritte im Namen des Darius, also r; so lässt sich auch die Hieroglyphe lesen *). Wir stimmen also auch hier mit Grotefend; wenn aber dieser Gelehrte annimmt, dass ⋝𐎹 nur ein Schreibfehler sey für ⋛𐎹 od. r, so ist dieses gleich ein Beispiel von dem Unheil, welches Le Brun angestiftet hat. Bei ihm ist allerdings beinahe immer das ⋛𐎹 auf ⋝𐎹 herabgesetzt; bei Niebuhr und Porter werden aber beide Buchstaben sehr genau unterschieden.

Das vierte und siebente Zeichen ist dasselbe, Grotefend giebt bald ê, bald â dafür. Wer das Zend und Sanskrit kennt, wird nicht zugeben, dass â als Länge von a mit ê als Guna von i verwechselt werde. â ist aber vorzuziehen, weil die Hieroglyphe a bedeutet und weil 𐎡𐎡 der Vocal des Faeminins ist (i m â m H. 15.) und der Endung des Genitiv Pluralis (psʻunâm. dahunâm I. 4 etc.) Hier hat das Sanskrit â, während das Zend vor dem schliessenden m das â in a˜ verstümmelt, und

---

*) S. Champollion u. St. Martin a. a. O.

schon im Nom. Sing. Faem. oft a für â setzt.
Das Altpersische bewahrt hier den Vocal rein.
Dass die Griechen dafür ein ε setzen in diesem
Namen und in Πέρσαι, wo unsere Inschriften
pârçâ *) haben, wie im Sanskrit पारश्र, pâraça,
ist eine Verstümmelung der Aussprache; im Namen des Darius haben sie es richtig durch α gegeben.

Diese Zeichen geben uns k͑s͑âr s͑â für Xerxes
und damit könnte der Namen vollständig scheinen; es bleibt vor dem â noch ein Zeichen übrig,
nämlich 𐏐.

Dieses ist einer der am häufigsten vorkommenden Buchstaben und wir werden uns um so
mehr bemühen, seinen wahren Werth aufzufin-
den, als er sehr verschiedene Erklärungen erfahren
hat. Grotefend setzt in der letzten Ausgabe seines
Alphabets dafür h, St. Martin e, beide geben 𐏐
als Variante von 𐏐; ein blosser Fehler ist aber
gewiss das 𐏐, nicht eine Variante von 𐏐. In
Beziehung auf das 𐏐 bemerke ich, dass allerdings einige Male dieses sich findet, wo gewöhnlich 𐏐 steht; so im Namen des Xerxes G. 1. und
am Ende des Wortes König M. 1. dass aber in
andern Wörtern, H. 19. 24. A. 12. I. 12. 17. das
𐏐 ohne die Variante 𐏐 vorkommt. Daher ist es
wahrscheinlicher ein verschiedener Buchstabe. Im
Worte König ist das 𐏐 sonst constant am Ende
(im Nom. Sing.) und daher bei Porter ein Fehler zu

*) I. 8.

vermuthen. Auch im Xerxes hat die Mehrzahl von Stellen 𒀹, welches demnach die gewöhnliche Form ist, selbst wenn 𒀹 nicht davon verschieden seyn sollte.

St. Martin gründet sich auf die Hieroglyphe, die H d. h. η bedeuten soll. Nach Grotefend soll diese Hieroglyphe der Griechische Spiritus Asper seyn *); dabei nimmt er an, dass dieser Hauch nach gewissen Buchstaben in ein Iod und Wav übergehen könne, weil die Hebräer Ahasverus für Xerxes und Darjavesch für Darius sagten, die Keilschrift aber jedesmal 𒀹 habe.

Dass die Hebräer einen leisen oder eigenthümlichen Laut der Altpersischen Sprache auf verschiedene Weise aufgefasst haben, beweist noch nicht, dass das Altpersische Zeichen auch diese verschiedene Aussprachen in sich enthielt. Das Zend, wie das Sanskrit, trennen h, j, v, sehr strenge von einander. Und können die Hebräer nicht eine modificirte Aussprache vor Augen gehabt haben? eine Assyrische oder Babylonische?

Die Griechen, die wohl mehr die gehörte als die geschriebene Form des Namens berücksichtigten, haben das 𒀹 in ihrer Aussprache ohne Spur verwischt; jedoch ist ihnen das Wort zweisylbig; 𒀹 als e macht es dreisylbig.

Die Aegyptische Orthographie giebt uns die Wahl zwischen h und e, oder richtiger gesagt, da die Hieroglyphe nur eine beschränkte Aucto-

---

*) S. 352.

rität hat bei der Bestimmung eines feinen Lautes
der Altpersischen Sprache, werden wir besser thun,
aus der Keilschrift selbst die Bestimmungs-Gründe
uns zu hohlen. Dieses wollen wir also versuchen.
Erstens. Ein Consonant, also h, ist nothwendig in dem Worte dahu I. 3 etc. welches das
Zendwort dañghu Land bis auf den Nasel ñg ist.
Die Weglassung des Nasels kehrt in andern Wörtern unserer Inschriften wieder. e macht aber ein
Unding aus dem Worte: daeu, eine wahre Bar-
barei. h ist auch nothwendig in drhahâ I. 14.
(= Δράγγαι). Auch hier fehlt das ñg. Das *h* ist
ferner sicher in den Genitiven Singul. auf hâ
I. 4. H. 6. A. 12. 13. Die Sanskritform ist sya,
das Zend bildet daraus hê, od. hyâ od. qyâ, d. h.
s wird h oder q, ya wird entweder umgestellt
ai = ê, oder y bleibt und das a wird verlängert *). Ganz ähnlich sind die Genitive im Mâ-
gadhî auf âha **). Das Altpersische hat offenbar die Form auf hyâ mit Elision des y vorgezogen. Auch hier wäre ein Vocal für ⟨ unzulässig. Andere Fälle übergehe ich jetzt, weil ihre
Erörterung zu weit abführen würde.
Zweitens. Diese Geltung, h, ist zulässig,
wenn ⟨ nach r steht, es deutet blos die behauchte
Aussprache des r an, wenn ein kurzer Vocal darauf folgt. So in dem angeführten: drhahâ: so in

---

*) S. Burnouf, Observations sur la partie de la gramm.
compar. de M. Bopp etc. p. 24.
**) Vararuchi XI. pulisâha.

dârhawus̒. Es ist bekannt, dáss im Zend das r
von einer Adspiration begleitet ist, die sich auf den
vorhergehenden Consonanten überträgt; daher fra
für pra, put͑ra für putra; bei vorhergehendem
Vocal wird dieser Hauch geradezu als h geschrieben: věhrka, mahrka. Dieses r ist dem Griechischen ῥ zu vergleichen und äussert nur seine
Adspiration rückwärts im Altpersischen, im Zend
dagegen vorwärts. Das h ist aber hier kein radicales Element des Wortes, blos eine eigenthümliche Aussprache.

Drittens. Eben diese, Geltung, d. h. als
eigenthümlicher die Aussprache begleitender Hauch,
hat gewiss auch das 𐎡, wo es vor und nach â
steht. So im Namen des Xerxes; in thâm H. 5.
hanc, Skt. tâm, Zd. tām; in thâ I. 7. 9. 14. ein
Nom. Plur. Faem. od. Masc. und mit dem Zendischen tâ des Neutrums (in den Vedas tâ für tâni)
oder eher mit Skt. tâh f. tâs, illae, zu verglichen.
Die verschiedenen Fälle ks͑hârs͑â, thâm, thâ,
verglichen mit pârçâ I. 8. gᵃdâr. I. 18. frᵃmâtârᵃm A. 6. lassen mich noch kein Gesetz erkennen, wonach das h vor â eintritt.

Viertens. Nun kommen aber Fälle vor, wo
𐎡 wirklich scheint als Vocal und zwar als a gefasst werden zu müssen. thmih A. 19. 25. Das
letzte ist zu lesen ha, mit dem inhärirenden a und
der Sinn beider Wörter: hunc ibi, Skt. tamiha, Zd.
(wenn hier iha neben id͑a für hi͑er vorkommt,)
těmiha. Ist nun hier 𐎡 der Stellvertreter eines
kurzen Vocals, des Indischen a, oder des Zendi-

schen ĕ? oder inhärirt auch hier das a dem t und ist 𝕂⟩ eine dem m innewohnende Adspiration? m kann allerdings im Zend einen vorhergehenden Consonanten, wie in g̒ag̒musi̓ *), adspiriren. Unsere Keilschriften schreiben aber nicht kᵃrtᵃhm A. 18. obwohl hier die Bedingungen dieselben sind. Ich schreibe dem m nicht diese Adspirations-Fähigkeit zu. Ist es denn Vocal? Auch dieses glaube ich nicht; 𝕂⟩ ist orthographisch und bedeutet blos, dass t hier nicht mit dem m in Eine Sylbe gezogen werden soll, sondern dass es sein inhärirendes a auch hier hat; dass tamiha und nicht tmiha zu sprechen sey. Es kann uns dieses erst später bei der Behandlung des a vollständig klar werden.

Fünftens. Noch dringender scheint die Annahme eines Vocalwerthes in den Wörtern thisâm I. 3. thih I. 13. 14. Das erste ist ganz sicher der Gen. Plur. Masc. vom Pronomen ta, Skt. तेषां, tês̒âm, d. h. taisâm, Zd. taês̒a͞m (es steht bei den Genitiven dahunâm ps̒unâm, populorum horum bonorum). Hier scheint es in der That für a oder einen ihm verwandten Vocal zu stehen. Da au geschrieben wird (I. 14. H. 10. dârhawaus, Darii), da ferner a vor i vorkommt (I. 17. aid̒us̒, India), entdecke ich keinen Grund, warum nicht für den Diphthong ai = ê auch medial das ⟨≥⟨, a, vor i geschrieben werde. Und doch ist dieser Diphthong hier ohne Zweifel gemeint und 𝕂⟩ scheint für a

---

*) V. S. 91.

zu stehen. Doch gehen wir weiter. Der Zusammenhang ergiebt, dass t h i h a für das Sanskritische t a
i h a (für t ê i h a = t a i - i h a) steht, h i *ibi*; ⟨⊱ steht
also wieder für a? Hier ist jedoch die Erklärung
unter No. 4. zulässig, dass das h gesetzt sey, um die
Zusammenziehung der Partikel mit dem vorhergehenden Pronomen in Eine Sylbe zu verhindern;
ohne das ⟨⊱ würde man t i h a lesen. Man darf
t h i h nicht durch t â i s (नः, t â i s = t â i h, illis) erklären, weil ⟨⊱ dann für â stehen müsste und weil
das finale s im Altpersischen 𝍏 wird nach allen
Vocalen ausser â, wonach es abfällt, und a, wonach es h wird.

Fassen wir nun diese Resultate zusammen, so
ist 1) ⟨⊱ ein h, d. h. ein gutturaler Hauch,
der dem Zendischen h entspricht und in einem
geographischen Namen unbezweifelbar als solcher
vorkommt. 2) Als gutturaler Hauch lässt es sich
eben so fassen, wenn es nach r, und vor und nach
â steht. 3) Als orthographisches Zeichen, um das
Vorhandenseyn eines a anzudeuten, lässt es sich
in den unter No. 4 und 5 angeführten Fällen auf-
fassen, mit Ausnahme von t h i s â m, wo ich diese
blos orthographische Bedeutung mir nicht ver-
deutlichen kann. Da wir nachher den umgekehr-
ten Fall finden werden, dass a für h eintritt, so
wäre ich eher geneigt, in diesem Falle, wie in
t h i h a, in t h m i h a, eine besondere Aussprache des
Vocals *a* anzunehmen, der wie ein Hauch aufgefasst und bezeichnet werden konnte. Ich werde
später auf diesen besondern Fall zurückkommen.

Doch hier handelt es sich zunächst um den
Laut und dafür können wir mit Grotefend unbedenklich h setzen. Ich lese also k̓s̓hârs̓â;
dies ist der Nominativ dieses Namens. Ehe wir
die Ableitung des Wortes aufzusuchen unternehmen, wollen wir vorerst auf die Hebräische Form
einen Blick werfen.

Dass unter Ahasverus Xerxes zu verstehen
sey, bleibt immer die wahrscheinlichste Meinung
und sie wird sich noch mehr bestätigen, wenn
wir die Altpersische Form damit vergleichen. Gesenius bemerkt sehr richtig *), dass das א pros-
thetisch sey; die übrigen Buchstaben entsprechen
dann sehr gut den Keilbuchstaben. Iene Prosthese ist nichts anderes, als wenn esprit aus
spiritus gemacht wird oder im Neupersischen
اسِتادن aus çtâ. Für das k̓ steht ה. Für das
s̓ beide Male שׁ, ר für r. Für das lange â in der
zweiten Sylbe ו; die Umstellung muss sich auf eine
Aussprache k̓s̓hârâs̓ gründen. Auch für das erste
â steht ו, aber als ve (bei den LXX. ουη) punc-
tirt; dieses ist ohne Zweifel aus der in 𐎤 liegenden Adspiration herzuleiten. Wir haben aber
schwerlich unmittelbar die Altpersische Aussprache in der Hebräischen, sondern die Babylonische
oder Assyrische, die auch die Umstellung k̓s̓hâ-
râs = (a)-h (a) s̓veros̓ erklären wird. Es gehört
dieses aber in die Entzifferung der andern Gattungen der Keilschrift. Eben daher erkläre ich

---

*) Thesaur. s. v.

3

auch die breitere Aussprache o für â in der zweiten Sylbe und die Umgestaltung von hâ in der
ersten in vê. Es kann für die Geltung der Altpersischen Buchstaben daraus kein Schluss gezogen werden. Für v hat die Keilschrift, wie das
Zend, zwei Zeichen, v und w, und 𝖞⟨⟶ lässt sich
in keinem einzigen Worte wie v lesen.

Ein Nominativ auf â führt auf ein Thema
auf a n; da wir aber im Accus. kein n finden werden (A. 2. L. B. 4.), so muss es ein Thema auf â
seyn, wie im Skt. sômapâ, im Zd. âhuramazdâ.
Herodot erklärt den Namen *) durch ἀρήϊος, nicht
ἐρξεϟης, wie einige unserer Lexica angeben.

Die Erklärung Herodots erinnert uns daran,
dass der Anfang des Namens Xerxes und der der
Benennung der Kriegerkaste kʻsʻatʻra derselbe ist.
Dieses zeigt, dass Herodot nicht falsch berichtet
worden und wir in beiden Wörtern dieselbe
Wurzel annehmen dürfen. Es reicht dieses aber
nicht hin, die Form des Namens zu erklären. Das
h hat nach dem obigen keine etymologische Geltung; in kʻsʻhârsʻâ ist aber schwer zu entscheiden, ob kʻsʻhâr zur Wurzel, sʻâ zur Ableitung
gehört, oder ob kʻsʻhârsʻ-â zu theilen. Ich kenne

---

*) VI. 98. Warum die Herodotische Stelle in einigen Aus-
   gaben eingeklammert wird, als verdächtig, habe ich
   nicht entdecken können. Die Handschriften habeu
   sie. Herodot, der sich um die Endungen Persischer
   Wörter bekümmerte, wird sich auch wohl nach der
   Bedeutung erkundigt haben.

im Zend weder â, noch s'â als Ableitungs-Affix,
noch ist mir im Zend eine Wurzel k's'erĕs (wie
t'wĕrĕs *)) oder k's'ar bekannt; क्षर्, ks'ar, ist
jedoch eine Indische Wurzel, die Bedeutung aber
tropfen.

Das Zend hat zwei Verbal-Wurzeln, die
hieher gezogen werden können; zuerst k's'i (Skt.
क्षि, ks'i, herrschen), woher k's'aêta, König; es
ist aber in k's'hârs'â keine Spur eines i. Eine
andere obwohl verwandte Wurzel liegt in k's'a t'ra,
König, wie in dem Indischen क्षत्र, ks'atra, Krieger, wird aber nicht in den Verzeichnissen aufgeführt, sie kann nicht ks'a seyn, auch nicht क्षद्,
ks'ad, wie die Grammatiker angeben, weil das
Wort dann im Zend k's'as t'ra seyn müsste. Sie
wird daher wohl ks'â oder ks'an seyn und das
â verkürzt oder das n vor dem Affix abgeworfen
seyn. Das Altpersische Wort für König zeigt die
Wurzel k's'âh, und führt also auf क्षा für's Skt.;
k's'â für's Zend. Eine Abkürzung erleidet auch
die Zendwurzel k's'i, wie die Vergleichung der
Stellen Vend. ed. Ols. p. 10. l. 1. und p. 12. l. 7
zeigen: aiwyâ-k's'ayanti, sie walten, herrschen und aiwyâ-k's'ta, Herrscher. Das ta
gehört zur Bildung des Wortes, wie in dem vorhergehenden harĕtâ und von der Wurzel ist
nichts übrig als k's'.

Auch im Namen des Xerxes scheint der Anfang k's' allein der Wurzel zu gehören; das fol-

---

*) Yaç. Not. XLVII.

gende ist aber eher ein angefügtes selbständiges
Wort, als ein Affix ârsʿâ.

Im Zend findet man Namen, deren zweiter
Bestandtheil arsan, Auge ist *), çyâvarsan,
blauäugig; byarsan, zweiäugig. Man könnte
daraus den Sinn Herrscher-Auge ableiten.
Dieser Ableitung widerstrebt aber das n.

Wahrscheinlicher erscheint mir Folgendes:
Es findet sich im Zend **) ein Wort ĕrĕsʿ =
arsʿ, in der Bedeutung: wahr, rein, fromm.
V. S. ed. Burn. p. 85. arsvakʿô. arsmanô. ars-
skyaotʿna. reines Wort, reine Gesinnung,
reine That. Burnouf hat damit schon das Indische rʿisʿi (Adj. ârsa), frommer, heiliger
Mann verglichen. Nehmen wir dieses Wort im
zweiten Theile des Namens Xerxes an, so haben
wir eine Zusammensetzung, deren Sinn auf über-
raschende Weise mit dem Indischen râgʿarsʿi,
Heiliger, Weiser unter den Königen,
übereinstimmt. Es ist dieses ein Titel, welcher
den frommen Königen der Urwelt beigelegt wird,
denen, welche die Indische Bedeutung des Wortes kavi, priesterlicher Sänger, mit der
Zendischen König ***), vereinigten.

Es bliebe noch übrig, sowohl die Art der
Zusammensetzung als die grammatische Form zu

---

*) B. Yacn. p. 437.
**) B. Y. Not. CXXIII.
***) Man sehe die schönen Untersuchungen Burnoufs. Y. p.
427. 450.

rechtfertigen. Doch hierüber bescheide ich mich
gern zu sagen, dass ich meine eigenen Einwen-
dungen noch nicht heben kann. Das zweite Wort
ist aber jedenfalls auch enthalten in dem Namen
A r s e s und dessen Ableitungen A r s i t e s, A r s a -
c e s, A r s a n e s, das letzte scheint das Zendische
a r s â n a oder a r s'â n a zu seyn. Vend. ed. Ols.
p. 38. 2. infr.

Darius, 𒀭 𒈬 𒂊 𒆠 𒂖 𒌋 𒍣 \ *)**,**

Zur Lesung dieses Namens sind wir schon
mit der Kenntniss der Buchstaben â, r, h, s', ausgerüstet. Das erste ist gewiss mit Grotefend für
ein d zu halten und zwar das nicht adspirirte,
weil es auch in d a h u, Land, steht, im Zend
d a n g h u, Skt. d a s y u, und weil das Zend im
Anfange der Worter auch ein ursprüngliches d'
in d verwandelt. Es bleiben somit nur die beiden vorletzten Buchstaben.

Das vorletzte Zeichen 𒌋 giebt Grotefend mit
û, ich bestreite nur die Länge des Vocals, weil
Darius die Declination der Skt. und Zd. Wörter
auf kurzes u befolgt, und setze dafür u. An dem
Laute selbst kann kein Zweifel obwalten, da wir
dasselbe Zeichen in den Namen Assyriens und
Sogdianas (Zd. çug'd'î) wiederfinden werden.

Das vorhergehende ist nach Grotefend e, nach
St. M a r t i n i, nach R a s k y **). Alle hatten da-

*) B. 1. H. u. I. passim.
**) A. a. O. p. 149.

bei entweder das Griechische Δαρεῖος oder das
Hebräische Darjavesch vor Augen. Ich hätte
eigentlich blos das Hebräische sagen sollen, denn
wir wissen aus Strabo *), dass die Griechen den
Namen umgeändert hatten, was er aber als das
Persische angiebt, ist unsicher; denn Δαριαούην
und Δαριαύην sind Conjecturen des Casaubonus
und Salmasius nach dem Hebräischen; die Lesart
der Handschriften: Δαριήκην offenbar falsch. Da
ich aus den Inschriften selbst glaube den Werth
des ►⫪ bestimmen zu können, will ich mich auf
die Erörterung der frühern abweichenden Meinun-
gen nicht einlassen.

In dem Worte, welches B. fin. und. A. 3. auf
n us im Nominativ ausgeht (⟫⟨ ⟨ᚸ ⟫ ⟨), findet sich im Accus. A. 22 statt des u unser Zeichen: ⟫⟨ ►⫪ ►⎮⎮⎮ ⟨ Das letzte ist m, ich kann
dieses, wie das n, erst später rechtfertigen. Da
nun ein Wort, dessen Thema auf u endigt,
dieses u im Accus. nicht, weder im Zd. noch im
Skt., verlieren kann, so ist unser Zeichen entweder û (wie im Zd. paçus-paçûm), oder der
entsprechende Halbvocal, v. Gegen diese Folge-
rung ist nichts einzuwenden. Nun folgt aber im
Namen des Darius ein u, daher ist es der Halbvocal, und es ist nur die Frage, ob es das Zendische v oder w ist. Ich schreibe dafür w, weil
wir das ►⫪. in der Gruppe finden werden, die
das Zendische q, das Neupersische ‎جو, das Indi-

---

*) XVI. fine. p. 785.

sche s v vertritt und dieses Waw ohne Zweifel stärker behaucht war. Zur Sicherung der Geltung w führe ich an, dass es ebenfalls so vorkommt in w^as῾nâ I. 6. A. 20. H. 4. Zd. va ç n â *), ex voluntate; in w^az^ark, I. 1. G. 1. H. 1. magnus بزرگ. Der Uebergang des ältern w in b, wiederhohlt sich gerade im Namen des Darius wo دارب neben دارا , als ältere und ächtere Form steht und ist ein mittelbarer Beweis für die Richtigkeit unserer Lesart; denn dârâb ist das alte Dârh^aw-us῾ mit Weglassung der Endung.

Ich lese also dârhwus῾, oder (wie sich erst später ergeben wird) richtiger dârhawus῾; auf die letztere Form bezieht sich, was ich noch zu bemerken habe.

Die Hebräische Darstellung weicht, wie man sieht, nur darin ab, dass statt der altpersischen Adspiration dem r ein y beigegeben worden ist. Das r h scheint in der That die Aussprache des durchstrichenen Lettischen r gehabt zu haben, denn auch die Griechen fügen nach ϱ ein ει ein: Δαρειαῖος, Δαρεῖος.

Die Erklärung des Wortes ist leichter als die des vorhergehenden. Die Wurzelsylbe ist dârh, das Affix awu, das s῾ gehört dem Nominativ. Der Genitiv wird, wie im Skt. und. Zend, gebildet durch die Einschiebung eines kurzen a vor u und Anfügung des s. Im Skt. wird aus a + u ein ô, das Zend verwandelt in der Regel in diesen Ge-

---

*) Y. p. 407.

nitiven (Masc. und Neutr.) das a vor u in è; im
Altpersischen sehen wir beide Vocale getrennt und
unverändert geschrieben: G. 3. A. 14. - - ►⟝.
⟨⋝⟨. ⟨⟆. ⟅⟅. ⟍. dârhᵃw-ausͨ. Die drei Sprachen bilden also die Genitive nach folgender Ab-
stufung: Altp. dârhᵃw-ausͨ, Zd. - èus, Skt. -
ôs = aus.

Ich will hier sogleich das ⟨⋝⟨ als a rechtfertigen; Grotefend setzt dafür das lange; dieses
passt aber nicht auf den Genitiv dieser Wörter;
so wenig als auf den der Wörter Masc. auf a,
visͨtâçpahâ und ähnliche. Der Laut a steht
aber fest, weil der Familien-Name der Achämeniden mit ⟨⋝⟨. anfängt. I. 6. A. 16. G. 4. B. 5. etc.

Ich kehre zur Etymologie zurück. Die Wurzel ist das Indische ऋ, dͨr̆i, das Zd. d̆ĕr̆ĕ, woher
धृ, dͨartr̆i, Erhalter, dͨarma, Satzung, Gesetz;
im Zend ist die gewöhnliche Bedeutung: erhalten, bewahren, so in dârayêiti und andern
Ableitungen *).

Ich beseitige die Vermuthung, dass dârha-
wusͨ ein Patronymicum sey (wie madͨu-mâdͨava
im Skt.) dadurch, dass ich weder im Zendavesta
noch in diesen Inschriften eigentliche Patrony-
mica finde. Sonst leitet das Zend Adjective auf
diese Weise ab: yâtu-yâtava, Zauber, zau-
berisch.

Herodot giebt **) die Bedeutung des Namens

---

*) S. Y. 401. 398. Not. V. XXXVI.
**) VI. 88.

ἐρξείης. Da er ἔργω für εἴργω sagt*), so ist ἐρξείης
von ἔργω abzuleiten und wir brauchen auf die
spätern Grammatiker, die φρόνιμος und πρακτι-
κὸς **) erklären, keine Rücksicht zu nehmen. In
ἐρξείης liegt der Begriff: coërcitor, wie in dem
Zendworte der: des in Ordnung Haltens, des Auf-
rechterhaltens; beides ist nicht schwer zu vereinigen. Diese Erklärung ist im Grunde die der-
jenigen, die den Namen aus dem neuern داريوش,
داريوس herleiten ***); denn das neuere Wort ist
das Zendische dĕrĕ.

Hystaspes, 𒀸 𒀸 𒀸 𒀸 𒀸 𒀸 𒀸 𒀸 𒀸 𒀸 𒀸

B. 4. I. 4. Dieses Wort steht im Genitiv,
dessen Endung a h â wir schon oben gerechtfertigt haben. Für den vorhergehenden Buchstaben giebt Grotefend b oder p; für b ist aber ein
anderes Zeichen und p ist das einzig richtige,
wie schon allein pârᵃçâ, Persae I. 8. beweist.
Das Zend und Sanskrit verwechseln nie b und p
und die Annahme des b ruht allein auf der unglücklichen Vermuthung, dass das Wort, welches
auf Hystaspes folgt, und Sohn bedeutet, bun
zu lesen und durch das neuere بن, radix, fun-
damentum, zu erklären sey †). Man führt ein

*) Τοὺς Πέρσας ἔρξε. III. 136.
**) Hesych. Etym. magn.
***) S. die Stellen bei Ges.v. darjav.
†) Grot. a. a. O. S. 353. Das Indische bun ist eine Cor-
ruptel aus vança, Geschlecht.

Indisches Wort zur Bestätigung an, was gar nichts
mit dem Persischen zu thun hat und eine Verstümmelung der jetzigen Provincial - Mundarten
ist. Das vorhergehende ist ein Sibilant, den wir
durch ç bezeichnen, weil das palatale s in dem entsprechenden Zendworte açpa, Skt. açva, Pferd,
constant ist. Ich kann noch die Namen çakâ,
die Saker, und çug'd, Soghd, dafür anführen,
Sanskrit çaka, im Zend çug'dì. s' und â sind
schon bekannt und der dazwischen stehenden
Buchstabe muss ein t seyn, wie Grotefend annimmt. So kommt es auch vor in den Formen des Pronomens ta I. 7. 9. 14 etc. Da hier
zwei kurze a zusammenfliessen, das Ende des
vorhergehenden Wortes und der Anfang von
açva, so haben wir noch einen Beweis, das ⁊⁊⁊
â sey.

Der Zweifel kann sich nur auf die zwei ersten Zeichen richten, weil die Griechische Form
Hystaspes, die Neupersische Gustasp, die Zendische Vîstâçpa, ist. Grotefend liest dafür gô;
St. Martin vy, und in der That finden wir nachher das ⁊⁊ als i in imâm, hanc, Zd. imam, Skt.
imâm. I. 24. H. 15. u. s. w. Ist das i richtig,
so können wir mit St. Martin auch die Zendform
vorziehen und den ersten Buchstaben für v halten. Es hat zwar das Zend ein langes î, dieses
ist aber eine Eigenheit, die auch in andern Wörtern vorkommt; so hat es langes î nach v in
vîçpa, vî, im Sanskrit viçva, vi. ⁊⁊ bestätigt
sich als v in dem Worte viꙅ, Wohnung, Zend

vîꞩ - vîç, Skt. viç. I. 24. H. 14.*). Ich habe oben
die Gründe angegeben, warum ich ►|Ξ für das
Zendische w halte; es kommt hinzu, dass das 𝕎
sich in der Mitte scheint durch ⟨𝕎, u, vertreten zu
lassen, wie das Zendische v in der Mitte durch
die Verdoppelung des u bezeichnet wird. Sonst
weichen beide Sprachen in dem labialen Halbvocal
von einander ab; im Altpersischen ist w auch
initial, im Zend nie; das Zendische w steht auch
für b', das Altpersische findet sich nicht mit dieser Geltung, doch sind der Beispiele noch zu wenige, um sicher darüber zu urtheilen.

Ich glaube also unbedenklich vis'tâçpahâ
lesen zu können; die Bedeutung ist nach Burnouf **): der Pferde erworben hat. Ich würde
vorziehen: dessen Beschäftigung oder Erwerb Pferde
sind. Wir rechtfertigen dadurch noch besser die
Angabe, dass vitaxae, was eine Verstümmelung
aus vittâçpa ist, magistri equitum, bedeute. Das Sanskrit-Wort vitta hat beide Bedeutungen. Aus welchem Persischen Dialecte ist
aber das dem Sanskritischen vittâçva näher als
dem Zendischen vîstâçpa liegende vitaxa genommen? Oder ist es nur ein Verderbniss für
Βίσταξ, wie Hesychius hat? Die Genitiv-Form
auf ahâ ist schon oben besprochen.

Ich hoffe, dass über den Werth der in den drei
obigen Namen vorkommenden Zeichen kein trif-

---

*) Burn. observ. p. 48.
**) Y. Not. CVI.

tiger Zweifel übrig gelassen ist; wir werden nicht
Veranlassung haben, von den obigen Bestimmungen irgendwo abzuweichen oder ihnen zu Liebe
irgendwo Fehler der Abschriften zu behaupten.
Ich schicke mich deshalb an, mit Hülfe dieser
Buchstaben die noch unbekannten zu entziffern
und werde mich bei diesem Geschäfte bald von
meinem bisherigen Begleiter trennen müssen. Ich
hoffe jedoch in der Einleitung gezeigt zu haben,
dass eine Abweichung von ihm nicht nothwendig
zugleich eine Abirrung von der Wahrheit seyn
muss.

§. 3. Ueber die in einigen Flexionen
vorkommenden Buchstaben.

Es ist bei dieser Untersuchung nicht meine
Absicht, die in diesen Inschriften vorkommenden grammatischen Formen zusammenzustellen,
sondern blos solche herauszuheben, aus denen
der Werth unbekannter Buchstaben hervorgeht.

Es ist mir Rask *) schon hierin vorausge-
gangen, indem er vorschlägt, in dem mehrmals
vorkommenden Genitiv Plur. des Wortes dahu
statt dahutschâo, wie Grotefend liest, das ⪫⟨
für n, nicht für tsch, und das ➤⫞⫞ für m, nicht
o, zu nehmen, also dahunâm zu lesen.

Er stützt sich mit Recht darauf, dass diese

---

*) A. a. O.

Endung durch das Zend wie das Sanskrit begründet wird. Ich will seine Ansicht also zu rechtfertigen suchen.

Der Genitiv Plur. hat im Skt. die Endung
âm, im Zd. ãm, der bei vocalischen Themen ein
n vorgesetzt wird, der Endvocal des Themas wird
dann im Sanskrit verlängert, im Zend nicht. Die
Pronomina setzen statt n ein s zwischen Thema
und Endung und verwandeln ein auslautendes ă
des Themas (Masc. u. Neut.) in ê, Zd. aë.

Beide Genitiv-Bildungen stehen I. 3. 4. neben einander und, nach Rask's Vorschlag gelesen, treten sie ganz in Einklang mit dem, was
die vergleichende Grammatik fordert.

𐎠 𐎫𐎠 𐎱𐎢 𐎴𐎠 𐎶 𐎱𐎿𐎢 𐎴𐎠 𐎶 Die übrigen Buchstaben sind uns schon bekannt und
wir lesen: dahunâm. thisʹâm. pʹsʹunâm, (rex)
populorum horum bonorum.

thisʹâm ist, da, wie wir oben bemerkt, das
h hier entweder für a steht oder es andeutet, das
Skt. têsʹâm (= taisʹâm), das Zd. taêsʹãm, nach
der Pronominal-Declination.

dahu hat Grotefend richtig mit dan͠ghu,
dain͠ghu, daqyu verglichen: es entspricht zunächst der ersten Zend-Form; über alle sind
Burnouf's Untersuchungen erschöpfend *). Das
Altpersische hat das ursprünglich vorhandene i
unterdrückt, wie in dem Genitiv auf ahâ; dann

*) Yaç. Not. LXXXIX.

fehlt der Nasal des Zendworts. Man könnte versucht werden, diesen herzustellen, indem man in ⟨⋝⟨ eine Combination von ⋝⟨, n, mit einem vorhergehenden kurzen a, wofür dann ⟨ stehen würde, suchte, gerade wie im Zendischen a͠ eine Combination eines a mit n deutlich enthalten ist. Wir wollen diese Bemerkung später wieder aufnehmen, hier aber anführen, dass die Geltung des ⟨⋝⟨ als a͠ (d. h. a͠n) nicht überall angewendet werden kann. Ich ziehe es daher vor, ⟨⋝⟨ überall mit a wiederzugeben; denn es ist angemessener, in der Entzifferung einer noch unbekannten Schrift, es zuerst überall nur mit derselben Geltung desselben Zeichens zu versuchen; was dadurch etwa zuerst gefehlt wird, lässt sich nachher berichtigen, während der Gewinn ist, grössere Einfachheit und leichteren Ueberblick dem Alphabete zu verleihen.

d a h u n â m hat das reine â des Skt. nicht das getrübte des Zends in der Endung, dagegen kurzen Themavocal, wie das Zend, nicht langen wie das Skt. Also wieder bestimmte Verwandtschaft bei dialectischer Abweichung.

Es folgt ps͑u n â m, dessen Thema ps͑u seyn muss. Dieses Wort ist nicht nur sicher zu erklären, sondern weist uns sogar eine eigenthümliche Erscheinung des Zends auch für das Altpersische nach. Das Zend setzt den initialen, auch medialen Sibilanten oft ein f vor: fstâna, für stana, im Skt. Brust, fçuyã͠ ç, von fçu, Skt. sû, zeugen. fsarĕma = sarma, Wohnung, varĕfsva,

loc. plur. von va rĕ für va rĕs'va, in den Bezir-
ken *).

Auf dieselbe Weise steht nun in diesem Dia-
lecte p; psu wäre Zd. fs'u, Skt. su, welches im
Skt. nur Präfix ist, in der Bedeutung gut; das
Zend hat das Wort in der andern Verwandlung
hu, theils als Präfix: gut, theils als Verbal-
Wurzel in der Bedeutung: lobpreisen. (vgl.
Griech. εὖ und ὕ-μνος). Hier haben wir es end-
lich als Adjectiv.

Beide Buchstaben, unser n und m, werden
sich später noch mehr in den Völkernamen bestätigen, hier gehe ich hauptsächlich auf die
Flexionen.

m ist im Zd. und Skt. die Endung des Accus.
Sing. Masc. und Faem. Das Altpersische hat im
Accus. ►⟨⟨⟨, also m. H. 2. ⟨⟨ ⟨⟨⟨ ⟩⟨ ⟨⟨► ►⟩⟨ ⟨⟨⟨
►⟨⟨⟨ ⟍ dârh ᵃ wum. A. 2. ⟪⟨⟨ ⟪ ⟨⟨► ⟨⟨⟨ ⟩⟨ ⟪
⟨⟨⟨ ►⟨⟨⟨ ⟍ k's'hârs'âm. Die Inschrift L. B. bietet in den fünf ersten Zeilen eilf Accusative dar,
die alle mit ►⟨⟨⟨, m, endigen.

Ich behandele aber lieber ein anderes Beispiel, welches uns zu ganz andern Entdeckungen
führen wird. H. 15. steht: ⟨⟨ ►⟨⟨⟨ ⟨⟨⟨ ►⟨⟨⟨ ⟍ ⟨⟨
⟪►⟨ ⟨⟨► ⟨⟨⟨ ⟨⟨⟨ ►⟨⟨⟨ ⟍ imâm dahâum, hanc
terram; ich glaube niemand wird anstehen,
hierin das Indische und Zendische Pronomen
ima, Accus. Faem. imâm, imã̃m, wieder zu erkennen.

---

*) Burn. Y. Not. CXXVII. Yaç. p 517. Obs. p. 27.

dahâum scheint sehr von dahu abzuweichen; und doch führt uns gerade diese Form
sehr entschieden auf das Zend zurück. Ich muss
hier bemerken, dass dahu in diesen Inschriften
als Masc. für Volk, als Faem. für Land steht.
Ein Wort auf u macht den Accus. auf um und
den haben wir auch hier. Woher aber â? Dieses erklärt sich aus dem Vriddhi des Endvocals;
u wird âu; das m des Accus. wird alsdann einen
Bindevocal nehmen, und âu in âv übergehen,
also dahâv-am. Man wird gegen diese Ansicht
vielleicht einwenden, dass ein Guna hinreiche,
die Form zu erklären, indem im Zd. ava sich in
âu contrahirt (nâumĕm = navamĕm V. S. 119.).
Aber eben in unserm Worte hat das Zend ein
Vriddhi: dan̄ghâvô, Nom. Plur. *). Eben dieser
Plur. lautet in unsern Inschriften dahâwa I. 14.
mit abgeworfenem s. Wie das Zend, dehnt das
Altpersische diese starke Form auch auf Casus
aus, die im Skt. schwach sind, so im Genitiv
unseres Wortes dahâus͑ H. 5. Es scheint also,
dass die Altpersischen Wörter auf u im Genit.
Sing. Guna (au) im Masc.; Vriddhi (âu) im Faem.
annehmen.
   Ich kehre zu ima zurück, wovon der Nom.
Plur. Faem. imâ steht I. 7. (Skt. imâ vor tönenden Buchstaben). Dann steht I. 21. 𒋫 𒀭 𒀭 𒀀
ebenso B. 6. Beide Male folgen Wörter, die
ebenfalls mit m endigen und Accusat. Sing. seyn

---

müssen. imm kann aber keine Zunge in der
Welt ohne Aufopferung des einen m articuliren
oder einen kurzen Vocal zwischen den beiden m
hören zu lassen. Das Zend sagt im Accus. Masc.
imem, das Skt. imam und so ist hier ohne Zweifel zu lesen. Da das Altp. das â des Faem. vor m
rein erhält, wie das Skt., so ergiebt die Analogie,
dass auch im Masc. ein reines â sey, nicht das
Zendische ĕ.

Ist dieses aber richtig, so dürfen wir auch
B. 6. tîram, I. 21. pârᵃçᵃm, hanc portam, hanc
Persiam, lesen. Ueber das erste a, welches ich
in pâraça einschiebe, will ich noch nichts sagen; dass das zweite richtig ist, folgt aus dem
Nom. Plur. pârᵃçâ I. 8. *). Denn daraus ergiebt
sich ein Thema auf a und dieses wird sich vor
dem m des Accusativs erhalten.

Ich glaube also zwei klare Fälle gefunden
zu haben, wo das kurze a nicht geschrieben wird,
sondern dem vorhergehenden Consonanten inhärirt.

Da nun dieses Princip geradezu das frühere
Alphabet über den Haufen werfen muss, setze
ich gleich andere Beispiele hieher und zwar lauter Wörter, die Niebuhr und Porter ohne Variante
geben:

   âdᵃm I. 17. M. 1. posui, 1. imperf. von
   âdâ, Skt. आ + धा.

*) Um auch in der Umschreibung das inhärirende a zu
    bezeichnen, schreibe ich es immer auf diese Weise.

âp^at^aram. A. 20. oder âpt^aram, wahrscheinlich eine Comparativ-Form von apa,
wie uttara in Skt. von ut. Nach dem Zendischen apâk'tara *) scheint es nördlich zu
bedeuten.

ât^arç. I. 9. Gen. von âta**r**, Feuer, im Zd.
ât'raç (ât'rô), ich lese aber ât^arç, weil
ein finales Altp. s sich nach a in h verwandelt.

âb^ar. I. 9. attulerunt, Skt. अभरन्, attu-
lit, im Zd. ist bĕrĕ, baraiti, fert, häufig genug. So auch frâb^ar, H. 2. 7. pro-
tulit.

framâtâr^am. A. 6. L. B. 3. Zd. wäre es
framâtârĕm, Skt pramâtâram, d. h. re-
gulatorem, wenn dieses Wort zulässig ist.
Diese Beispiele, wo die übrigen Buchstaben
alle schon erwiesen sind oder es bald seyn werden, vereinigt mit den Völkernamen, werden,
denke ich, darthun, dass mein Grundsatz sich bei
einer gründlichen Erforschung des Alphabets von
selbst aufdrängt und nur von denen verkannt
werden wird, die einem frühern Systeme zu Liebe,
es vorziehen, unaussprechbare Wörter, die in den
verwandten Sprachen nichts analoges haben, aufzustellen. Gegen die Zulässigkeit meines Systems
muss sich aber jeder gründliche Einwurf gegen
meine Entzifferung richten. Man kann einzelne
Bestimmungen meines Alphabets bestreiten; diese

---

*) Y. Not. LX. CXI.

bilden nur eine Nebensache; giebt man mir mein Princip zu, setzt man immer ein neues System an die Stelle des frühern.

Habe ich aber Recht, so erklären sich die Irrthümer des frühern Alphabets von selbst. Um einigermassen aussprechbare Wörter zu erhalten, musste mancher Consonant die Rolle eines Vocals übernehmen und Fehler angenommen werden, die unwahrscheinlich sind, da zwei unabhängige Zeugnisse zusammentreffen, und beide, Niebuhr und Porter, genau und sorgfältig verfuhren. Oder sollen diese Fehler gar den ursprünglichen Einhauern der Inschriften aufgebürdet werden, Inschriften, die unter den Augen der grossen Könige eingehauen wurden und von deren Nettigkeit und Deutlichkeit Niebuhr und Porter mit Entzücken sprechen?

Man wird einwenden, dass durch meine Annahme der Willkühr ein weites Thor sich öffnet und durch die Einschiebung eines nicht geschriebenen Vocals jedes Wort sich verdrehen lasse in was man will.

Doch dem ist nicht so. Es lässt sich aus den Inschriften selbst ein System folgern, welches nur wenige zweifelhafte Fälle zulässt. Ich suche jetzt dieses zu entwickeln.

Untersuchen wir zuerst, unter welchen Bedingungen das geschriebene a, ⟨≥⟨, vorkommt:

1) ⟨≥⟨ wird gesetzt im Anfange. Hier musste es geschrieben werden, weil kein Consonant, dem es innewohne, vorhergeht. Auch nur

in diesem Falle hat es in Devanagari eine selbständige Form.

2) Vor Vocalen, mit denen a einen Diphthong, a i oder a u, bildet. Auch hier musste es
geschrieben werden, weil man sonst i oder u lesen
würde. So im Genitiv dârhᵃwausꞋ.

3) Nach Consonanten wird ⟨⊱⟨ nur geschrieben, wo ein ⟩⟨⊱, h, auf das a folgt. Der
Grund davon liegt also in dem folgenden h. Dieses ist ein besonderer Fall, den ich daher einzeln
behandeln werde. Dass a aber dem Consonanten
inhäriren muss, wäre schon aus dieser Wahrnehmung zu schliessen.

4) Nach Vocalen wird ⟨⊱⟨ nur geschrieben, wenn der vorhergehende Vocal ein â ist, nie
nach i oder u.

Dieses muss hier erörtert werden. In zwei Beispielen I. 20. 22. steht âa, 𝍸𝍸𝍸 ⟨⊱⟨, aber beide Male
ist es wahrscheinlich, dass der Worttheiler fehlt.
Ohnehin fällt dieser Fall unter No. ɪ. da â nicht
Consonant werden kann, muss natürlich ⟨⊱⟨ voll
geschrieben werden.

Etwas anders ist der folgende. I. 7. H. 4. 9.
steht der Genitiv von âurᵃmᵃzdâ, Ormuzd,
im Zd. âhuramazdâ, so geschrieben: .. 𝍸𝍸 𝍸𝍸𝍸
⟨⊱⟨ 𝍸𝍸𝍸 ⟋ dâaâ.

Wir wissen, dass die Wörter auf a den Gen.
auf a h â bilden. Warum steht denn hier nicht
â h â, da â sonst gerne ein h sich beigesellt *)?

---

*) S. oben. S. 30.

Vielleicht, weil eben das â einen hörbaren Hauch
mit sich führte, h also zwischen zwei â als eine
zu grosse Häufung der Hauchbuchstaben erschien
und daher a dafür gesetzt wurde. Da nur Ein
Beispiel dieser Art vorkommt, so lässt sich darüber
nicht ganz sicher urtheilen, aber ich glaube, dass
das ⟨≥⟨ hier einen andern Grund, als den eben
angegebenen sehr äusserlichen hat; ich komme
sogleich darauf zurück.

Da nun aber ⟨≥⟨ nie nach i geschrieben wird,
wo es nachweislich in der Aussprache vorhanden
war, so haben wir für die Inhärenz des a einen
directen Beweis und zwar diesen. Nach dem kurzen a verwandelt sich das s (des Nominativs, aus
welchem ich allein Beispiele in diesen Inschriften
gefunden habe) in h. H. 3. aus^a d^a h. A. 18.
t^a h. B. 5. H. 1. L. B. 1. 2. 3. ah. Nach i wie u
wird es aber s'. s'ihâtis'. I. 23. ȝat^ag'adus' I. 17.
bâk'tris' I. 16. ar^aq^atis I. 17. aid'us' I. 17.
Wenn also Nominative auf i h vorkommen, so kann
der Grund nur seyn, dass das i hier nicht unmittelbar vor s stand, sondern es war ein a in der
Aussprache vorhanden und daher wurde ein h
aus dem s. So in h^ak'i^ah. I. 19. 22. L. B. 11.
ak'âm^anis'i^ah. I. 6 etc. âpi^ah. A. 13. âd^ars'i^ah
I. 8. Doch dieses nebenbei. —

Wir sehen also, dass das a nur geschrieben
wird in Fällen, wo es unentbehrlich ist, im Anfange und vor Vocalen, die sonst allein dem Consonanten zufallen und das a ausschliessen würden.
Dieses gilt von Fall 1 und 2. Es lässt sich schon

daraus schliessen, dass auch der dritte Fall, d. h.
a vor h, nur dann eintritt, wenn es wirklich erfordert wird. Könnte h als Vocal gelten, so wäre es
überall nicht nothwendig, es je vor h zu schreiben.
Es findet sich aber h ohne vorhergehendes a (wie
aus𐞥dah) und unmittelbar nach einem Consonanten einerseits, andererseits aber mit ausdrücklich
vorher geschriebenem a: dahunâm, âahâhâ (A.12.
L. B. 7. mit der Variante âaihâhâ) vis͑tâçpahâ,
drhahâ, I. 13. Endlich steht nah. nahânâm.
nᵃhᵃm. L. B. 4. 5. 6. neben nᵃhahâ. L. B. 9. 14.
Es scheint mir, dass dieser Widerspruch in
der Orthographie nur erklärt werden kann durch
die Annahme eines Unterschieds in der Aussprache, dass man mit andern Worten des ⟨⫫⟨ nach
Consonanten, denen es sonst inhärirt, nur dann
wird geschrieben haben, wenn es eine besondere
Aussprache bezeichnete. Ist dieses richtig, so hängt
diese Aussprache mit dem h zusammen.
Hier drängt sich nun die oben gemachte Bemerkung über die Figur des ⟨⫫⟨ wieder auf, dass
es ein ⫫⟨ enthalte, dem ein Winkelhaken zur
Bezeichnung des a vorgesetzt sey. Ich brauche
nicht zu wiederhohlen, das im Zend das ã ebenso
aus a und n zusammengesetzt ist. Nehmen wir
versuchsweise die Aussprache ãg (d. h. a und
ein gutturales n) für ⟨⫫⟨ an, so wird diese beinahe gefordert in drhahâ, also drhᵃãghâ =
Δράγγαι, ist͑ zulässig in dahu (also dãghu) =
Zd. dãghu; die Genitive auf ahâ vertragen
auch diese Verwandlung, da im Zend ãghê

vorkommt neben a h ê. â a h â h â scheint eine Par-
ticipialform von as, seyn, im Zend añghvas,
oder â oñgha - irya, ja â ur^{a}m^{a}zd^{a}ñgâ fällt
auch unter diese Categorie; das h verschwand in
der Aussprache vor dem langen â nach dem gutturalen ñg.

Achten wir weiter darauf, dass dieses ⟨≳⟨ vor
h nie in der Endsylbe vorkommt, also nicht da,
wo im Zend ô für as steht, sondern nur in solchen, wo das Zend añgh für as hat, so scheint
dadurch diese Vermuthung eine grosse Bestätigung
zu gewinnen; beide Dialecte werden sich weit
näher gebracht und es stellt sich uns der wirkliche und bleibende Unterschied heraus, dass am
Ende das Altpersische as behandelt, wie das Skt.
vor stummen, das Zd. so wie das Skt. es vor
tönenden Consonanten behandelt, es wird Altp.
a h, Zd. ô.

Um diese Ansicht aber noch mehr zu sichern,
müssen einige Hindernisse beseitigt werden, die
ich nicht ganz heben kann.

Erstens warum hat ⟨≳⟨ diese Geltung nicht
überall? In dârh^{a}waus' scheint sie mir nicht
zulässig; auch nie im Anfange, denn die Achämeniden, Aria und Arachosia haben nie bei
den Alten eine Spur eines Nasals, so wenig wie
im Zend harôyu und haraqaiti. Nur ahâ I.
22. A. 2. H. 7. duldet als Genitiv von a im An-
fange diese Aussprache; ah (⟨≳⟨ |⟨− ⟍) dagegen
L. B. 1.2.3. kann nichts seyn, als is, Skt. as-âu
und duldet sie nicht.

Ich glaube, dass dieser Einwurf sich hebt, wenn man die Regel aufstellt, dass das h den vorklingenden Nasal nur dann annimmt, wenn es stark und hörbar ist, d. h. vor einem folgenden Vocal; dann wird also ⟨⊱⟨ ⟩⟨⊱ gesetzt, auslautend dagegen, wo es ein blos leise nachtönender Hauch ist, hat es diese nasalirte Aussprache nicht. Diese Regel erklärt wohl die Erscheinung des bald nasalirten, bald nasallosen a, aber nicht wie das Zeichen ⟨⊱⟨ beide Laute bezeichnen kann. Der eine ist ein reiner Vocal, der andere ein Gemisch eines Vocals und Nasals; ganz als Nasal, also als Consonant, kann ⟨⊱⟨ nicht genommen werden, eben weil es auch für reines a steht.

Die Hauptfrage ist aber die: welche Geltung kommt dem ⟨⊱⟨ ursprünglich und eigentlich zu? Da dieses Alphabet das a nur hinschreibt, wo es ohne Verstümmelung des Wortes von der Schrift nicht weggelassen werden konnte, so dürfen wir annehmen, dass bei einem weniger ausgebildeten Zustande des Alphabets kein besonderes Zeichen für a vorhanden war. Es lag am nächsten, als Bedürfniss eines eigenen Zeichens sich dafür fühlbar machte, das ⟩⟨⊱ dazu zu wählen, wie aus dem Ain sich ein Hamza gebildet hat. Auch zeigt der Theil des ⟨⊱⟨, den wir für a halten müssen, eine offenbare Aehnlichkeit mit h, ⟩⟨⊱; ich glaube, dass ⟨⟩ sich nachher als eine andere Form des aus ⟩⟨⊱ entwickelten a wird darstellen lassen können. Um nun den Nasal vor h zu schreiben, wurde das rein dentale n, ⊱⟨, unschicklich be-

funden; das n vor h musste eine gutturale Fär-
bung annehmen. Man bildete also ein Zeichen,
dessen Hauptzug ein n war, gab ihm aber einen
Zug aus dem an das a gränzenden h bei. Man
sündigte insofern gegen das Princip des Alphabets, dass man das a in der Mitte der Wörter
zwischen Consonanten andeutete, doch nicht ganz.
Denn das gewöhnliche n liesse sich selbst als ein
a enthaltend betrachten; indem man das a darin
im Anfange der Figur anzeigte, schloss man das
inhärirende a aus und stempelte es als das gutturale sich dem folgenden h unmittelbar anschlies-
sende. Eben aber weil ⟨≥⟨ ein anlautendes a in
sich enthielt, wurde es auch gebraucht, um das
reine a zu bezeichnen, wo es unumgänglich war,
dieses zu schreiben. Es war dazu geschickter als h,
|⟨⟶, welches immer einen Hauch angab; im An-
fange lässt aber das Altp. sogar den Zendischen
Hauch weg und sagt a^{r}aq^{a}tis' für haraqaiti.

Was man auch von dieser Hypothese denke,
es scheint mir am wahrscheinlichsten für ⟨≥⟨ die
zwei Bedeutungen anzunehmen: im Anfange und
vor andern Vocalen als a, vor h aber als añg.
Dem Gebrauche nach ist das letzte das Zendische
gutturale ñg, der Figur nach das Zendische ã.

Die zweite Einwendung ist diese: das Altp.
lässt in andern Fällen den Nasal weg, wo er doch
von den Alten und im Zend vorhanden ist, namentlich vor den Dentalen. Man könnte also
schliessen, dass auch vor h kein Nasal war, wenigstens in der Schrift nicht. Beispiele sind

a i d'u s', Indien, I. 17. wo auch das Zend n hat,
h ĕ n͂d u *); g ᵃ d â r, I.18. wo Herodot und die Indier
n haben, Γανδάριοι, g a n d h â r a (गन्धार) **). Hier
sprechen aber zwei ebenso nahe Zeugnisse dafür,
dass die Perser wirklich das n nicht sprachen.
Die Hebräer sagen h o d d u für Indien und I s i -
d o r u s C h a r a c. schreibt Γάδαρ ***). Die Keilschriften schreiben also hier kein n, weil die Aussprache es nicht hatte.

Am Ende findet sich nie ein ⟨≿⟨, wie im
Zend ein n͂g kaum vorkommt †).

Für den Laut a n͂g des ⟨≿⟨ spricht endlich
genauer betrachtet auch noch der Genitiv â u rᵃ-
m ᵃ z d â a â. Die Faemina auf â schreiben im Genitiv Sing. â h â. A. 13. L. B. 8. wᵃ z ᵃ r k â h â. A.
12. â a h â h â. Da nun â h â eine erlaubte Zusammenstellung ist, da â u rᵃ m a z d â ein radicales â,
wie das Faem. hat, so würde man im Genit. auch -
m ᵃ z d â h â schreiben können, wenn die Endung
des Masc. blos h â wäre. Weil sie aber n͂g h â ist,
so schreibt man ⪥ 𝔐 ⟨≿⟨ 𝔐 ⟍ Es scheint also
Altp. in der Formel für â s â entweder â h â ohne
Nasal oder â n͂g â ohne h zu gelten. Das Zd. hat
n͂g h, aber a o für â.

Hatte aber ⟨≿⟨ in der Mitte die Aussprache
a n͂g, so erklärt sich, warum t h m i hᵃ, t h i hᵃ,

---

nicht t a m i h ᵃ, t a i h ᵃ geschrieben wurde. Es
war in t a m ein reines m, kein n͞g m, um aber
die Lesung tmih ᵃ zu verhindern, schrieb man
h zur Trennung des m von t, wie in t h i h ᵃ um
die Aussprache t i h ᵃ zu verhindern. Vergleiche
ich jedoch den letzten Fall mit t h i s͑â m *), so
scheint in der That das ai in der Mitte nicht
⟨≳⟨ ⫱ sondern ⫯⟨⊱ ⫱ geschrieben zu werden
(denn im Anfange haben wir a i d͑u s͑ mit ⟨≳⟨ ⫱).
Iedoch ist das ai in t h i h ᵃ und t h i s͑â m verschieden; in t h i h ᵃ ist es a ï, in t h i s͑â m wahrer Diphthong und es steckt wohl noch ein Geheimniss
hinter dieser Orthographie. Ist es etwà eine Andeutung der Zendischen Aussprache t a ê s͑â͞m?

Die orthographische Regel stellt sich denn
für ⟨≳⟨ sehr einfach, es erscheint am Ende nie,
in der Mitte nur vor h, wenn es a n͞g gilt und
vor u **); im letzten Falle gilt es nur a; im Anfange steht es überall für a, ausser wo ein mediales h folgt.

Nach welchem Grundsatze soll sich nun das
ungeschriebene a richten? Es muss dieses durch
eine Induction festgestellt werden und bei der geringen Anzahl von Texten kann diese noch nicht
vollständig seyn. 1) Eine Hauptregel wird die
seyn, dass t e n u e s und m e d i a e nicht unmittel-

---

*) S. oben S. 31.
**) Ich mache darauf aufmerksam, dass im Zend a n͞g h u,
    aber nicht a n͞g h i, sondern a h i, steht. Siehe Burn.
    Journ. As. p. 61.

bar auf einander folgen dürfen. 2) Auch darf
kein Consonant verdoppelt werden, weil das Zend
keine Doppelconsonanten duldet und diese Inschriften selbst einen Beweis für dieselbe Erscheinung im Altp. geben: u d â t ^{c}a q a H. 23. für u d -
d â t ^{c}. 3) Endlich schliesst ein anderer Vocal das
a aus. 4) Für das finale a wird die Regel gelten,
dass Buchstaben, die nicht auslauten können,
das a annehmen müssen. 5) Die Zweifel entstehen nur bei der Verbindung der Nasalen und
Halbvocale mit andern Consonanten, dann bei
dem Zusammenstehn zweier oder dreier verträg-
lichen Consonanten. Aus den wenigen Beispielen
wage ich noch keine allgemeine Induction, sondern werde mich nach dem Zend und bei den
Eigennamen nach der historisch überlieferten Aussprache richten. Doch ist hier nicht überall Gewissheit zu erlangen; die Indier sagen pâraça,
die Alten Persa; lesen wir nun pâr^{a}câ oder
pârçâ? Aus dem Zendischen ε lässt sich schliessen, dass in den Altpersischen Dialecten Consonanten oft durch ein leichtverklingendes e getrennt
wurden, welches die Zendschrift sehr willkührlich
einschiebt oder auslässt: vidmahi und vidĕ-
mahi u. v. a.

Was dieses alphabetische System interessant
macht, ist sein Verhältniss zum Devanagari. Es
hat damit die Aehnlichkeit, dass das a nur initial
geschrieben wird, dass a dem vocalisirten Consonanten inhärirt, wenn es nicht durch einen andern Vocal ausgeschlossen wird. Das Devanagari

hat aber schöne und einfache Mittel, die durch
das allgemeine Princip unentschiedenen Fälle zu
bestimmen; es schliesst das a theils durch das
Ruhezeichen, theils durch die Ligatur der Consonanten aus (सत, sata, सत्, sat, स्त, sta.). Es
fehlen der Keilschrift offenbar diese beiden Mittel, um eine völlig ausgebildete Schrift zu seyn,
dem Wesen nach beruhen beide auf derselben
Wurzel.

Ist also das Devanagari eine Vervollkommnung
eines ältern mangelhafteren Alphabets? Hatten
die Indier, als sie noch nicht über die Lehre sich
mit den alten Iraniern entzweit hatten *), als noch
die Yavana, Pârada, Pahlava und Çaka
nicht vom alten Gesetze abgefallen, und Mlêk'a,
Barbaren, geworden, noch Völker, dain͠ghu,
nicht dasyu, Räuber, waren **), hatten die Indier damals ein ähnliches Schriftsystem, welches
sie, wie die Grundzüge der Kasten - Verfassung,
der Feuer - Verehrung, der Sternkunde, aus dem
Lande des alten Gesetzes ***) in die Ebenen des
Yamunâ und Gangâ jenseits des heiligen Sara-
watî †) mitbrachten und dort auf eigene Weise
ausbildeten?

Warum haben sich denn aber keine Spuren
dieses Alphabets östlich von der grossen Persischen

---

*) Burn. Y. 566.
**) Manu X. 45.
***) Burn. a. a. O.
†) De Pentap. Ind. S. 58.

Wüste in den Ländern, die Ormuzd zuerst erschuf,
gefunden *)? Oder wird uns die regsame Zeit
auch noch diese Entdeckung bringen?

Ist dieses Keilalphabet aus den künstlichern
andern Gattungen vereinfacht oder diese aus jenem
zusammengesetzt? Hierauf haben wir in diesem
Buche nicht zu antworten.

Ich kehre zur eigentlichen Aufgabe zurück.
Es sind noch einige grammatische Formen, aus
denen ich glaube ein neues Zeichen bestimmen
zu können. Da dieses aber einfacher aus den
Völkernamen geschehen kann, gehe ich zu dieser
auch für den Geschichtsforscher nicht anziehungs-
losen Untersuchung über. Ich glaube mich jetzt
hinlänglich dazu vorbereitet.

§. 4. Entzifferung der Völkernamen in
der Niebuhr'schen Inschrift I.

In der 9ten Zeile stehen folgende Worte, die
ich hier um Erlaubniss bitten muss, nur hinzu-
schreiben und zu übersetzen; ich werde die Uebersetzung später zu rechtfertigen suchen :

thâ. ayâm. âtarç. manâ. bâg'iam. âbar.

hi (populi) adorationem igni, mihi tributa attulerunt.

Es folgt jetzt die Aufzählung; das erste Wort,
welches den Theil Mediens bezeichnet, den Kte-

------
*) Vendid. Fargard. I.

sias *) Χαύων nennt, können wir erst später lesen. Darauf folgt Z. 10. ohne Variante: ►⫟⫟ ⫟⫟⫟ ⫟⫟ ◥ was wir schon lesen können: mâd. Brauche ich zu beweisen, dass dieses Madai, Μῆδος ist? Es wird aber der Name des Landes, nicht des Volkes seyn, und ein Nominativ, dem das s fehlt, wie in ähnlichen Fällen im Skt. Mit dem vorhergehenden Lande zusammen wird alles umfasst, was die Alten Medien nannten. Dem Range nach war dieses das zweite Land unter den Königen der Könige. Persien, das erste und tributfreie **), ist zuerst genannt Z. 8.

Bei Herodot ist dieses die 10te Satrapie: ἀπὸ δὲ Ἀγβατάνων, καὶ τῆς λοιπῆς Μηδικῆς, καὶ Παρικανίων, καὶ Ὀρθοκορυβαντίων, πεντήκοντά τε καὶ τετρακόσια τάλαντα. νομὸς δέκατος οὖτος. IIh 92.

Agbatana kann nichts seyn als der Mittelpunct der Satrapie, die Hauptstadt und ihr Gebiet, um welches das übrige Medien herumgelagert war. Die beiden andern Völker sind aber verschiedene Stämme, die wohl nicht zu den Medern gehörten, aber in der Steuerrolle zu ihnen geschlagen worden waren. Ich will nämlich hier sogleich die Bemerkung einschalten, dass wir Herodots Verzeichniss und das uns hier vorliegende aus zwei verschiedenen Gesichtspuncten betrachten müssen. Herodots ist offenbar ein administratives Acten-

---

*) Rell. ed. Baehr. p. 409.
**) Herod. III. 97.

stück, eine Steuerrolle, worin die jährlichen Tribute und die Völker, die sie brachten, augegeben waren. Man sieht dieses schon daraus, dass Völker zusammengestellt werden, die weder in Civil-Sachen, noch in Militär-Angelegenheiten denselben beständigen Satrapen haben konnten. Die kleinern Völker waren den grössern beigesellt, um gerade Summen der Steuerquoten herauszubringen; denn es sind immer Tribute, deren Summen in zehn aufgehen. Unser Verzeichniss zählt aber nicht in Beziehung auf diese Eintheilung auf, sondern nach der geographischen Lage, indem vom Mittelpuncte ausgegangen und dann erst in westlicher, nachher in östlicher Richtung fortgefahren wird. Es umfasst etwa alle die Völker, die zwischen dem Euphrat und Tigris in Westen, dem Indus in Osten, dem Jaxartes in Norden, dem Indischen Meere in Süden wohnten. Nun finden sich zwar alle bedeutenden Völker dieses Theils der Monarchie in unserer Inschrift ebenso, wie bei Herodot, erwähnt, einige kleinere hat Herodot, die die Inschrift nicht giebt und umgekehrt. Erst die durchgeführte Vergleichung beider Verzeichnisse kann zu der Einsicht führen, woher dieser Unterschied beider Verzeichnisse stammt. Ich werde daher beide Namen-Reihen immer an einander halten.

Die Orthocorybanten sind ein sonst unbekanntes Volk mit einem offenbar gräcisirten Namen; das ὀρϑο- wird das Zendische ĕrĕdva = ard'va, hoch, seyn, und der eigentliche Name

in $\varkappa o \varrho v \beta$ - liegen. Rennel *) hat wegen des An-
klanges des Namens das Volk nach Currimabad
gesetzt. Ich halte seinen Grund für ungenügend,
die Lage aber für richtig. Wir werden das Volk
in unserer Inschrift und bei spätern Geographen
unter einem andern Namen erwähnt finden.

Die Parikanier kehren III. 94. wieder in
der 17ten Satrapie mit den Asiatischen Aethio-
pen; die Parikanier sind wohl dieselben, nur verschiedene Abtheilungen desselben Volkes. Der
Name ist ein bedeutsamer von pairikâ, Fee **)
und es muss ein Volk seyn, welches dem Cultus
der Feen ergeben war. Aus der Vertheilung zwischen der Medischen und Gedrosischen Satrapie
(denn Gedrosien ist das Asiatische Aethiopien)
bestimmt sich der Wohnsitz der Parikanier, sie
müssen in den Wüsten zwischen Medien und Gedrosien gewandert oder gewohnt haben ***); in
Wüsten kann sich auch ein kleines Volk weit
ausdehnen und nur diese Lage macht es deutlich,
warum sie theils zu Medien, theils zu Gedrosien
gezählt wurden. Dass gerade diese Wüstenbewoh-
ner dem Feendienste ergeben waren, beweist der
Vendidad †). Das siebente Land ist vaêkĕrĕta,
ein bezeichnender Name: das verunstaltete, also
gewiss eine Wüste, ein dürres Land und nicht,

---

*) Geograph. System of Herod. p. 270. ed. 1800.
**) B. Y. Not. VI.
***) $\Pi\alpha\varrho\iota\varkappa\acute{\alpha}\nu\eta$, $\pi\acute{o}\lambda\iota\varsigma$ $\Pi\varepsilon\varrho\sigma\iota\varkappa\acute{\eta}$. Hecataeus. ed. Klausen p. 95.
†) Farg. 1.

wie Anquetil wollte, das fruchtbare Kabul.
„Ahriman, der todtschwangere, brachte diesem
Lande hervor das Unheil einer Pairika, welche
tödtet, welche den Kerĕçâçpa bezwang *)." Dieses von der Pairika beherrschte Land wird das
der Parikanier seyn. Wenn Rennel die Παραι-
ταχηνοί zu demselben Volke macht, so ist dieses
wohl irrig; denn diese hatten eine bestimmte Lage
auf dem Gebirge zwischen Persien und Medien;
so wie der Name in der That Gebirgsland bedeu-
det. Es ist nur ein Collectiv-Name für den Bezirk,
worin die Uxier wohnten **).

Die Parikanier werden in unserer Inschrift
gar nicht genannt, und dieses ist ein vorläu-
figer Fingerzeig zum bessern Verständniss derselben.

Das nächste ist ⟝Ⲓ 𝅓𝅓𝅓 ⟝Ⲓ 𝅃 ⟪ ⟨𝅃𝅃 ⟪ ⟍

Das letzte s‘ hat bei Porter den obern Keil
verlohren: ⟪, Niebuhr fand es noch vollständig.
Das einzige unbekannte Zeichen ist ⟝Ⲓ, welches
Grotefend für einen Fehler statt ⟞Ⲓ hält, St. Martin für damit identisch. Wäre das eine oder das
andere der Fall, so wäre zu verwundern, dass

---

*) Burnouf Yacn. Not. LVII. erwägt die Bedeutung der
   Worte duζakô. çayanĕm; die obige Zusammenstellung entscheidet mich, sie zu übersetzen: vaêkĕrĕta, welches die Lage des Uebels ist. duζaka
   kann dem ohngeachtet ein Eigenname seyn. Ich cor-
   rigire im Zd. Texte: yâ k‘naïaiti.

**) Strabo XVI. §. 12. Tz. Burn. Yaç. Not. C.

die Wörter, denen ⫶𒁹 eigen ist, nie dafür ⫶𒁹 zeigen. Bei Le Brun ist oft, aber bei Niebuhr und
Porter nur durch die Schuld der Zeit, einige Mal
ein ⫶𒁹 auf ⫶𒁹 herabgekommen; nie aber, was
allein beweisend wäre, steht ein ⫶𒁹 für ⫶𒁹.

Dieses Zeichen findet sich in einer Flexion
vor isʿ und nach i. So in 𒀀 𒀀 𒀀 𒀀 ⫶𒁹 𒀀 𒀀 𒀀
I. 24. H. 14. dessen Accus. 𒀀 𒀀 𒀀 𒀀 𒀀 lautet.
Ein anderes Beispiel ist in den Stellen A. 24. H.
14. 15. L. B. 12. 15. wovon der Gen. Plur. H. 1.
und das Thema L. B. 1. steht. Auf diese Flexion:
i-isʿ passt nur ein b, also bisʿ, mit vorhergehendem Bindevocal: ibisʿ, d. h. der Instrumentalis
Plur. Zd. bîs (langes î wie nach v), Skt. bʼis. ⫶𒁹
als b gelesen giebt uns bâkʿtrisʿ I. 16. für Bac-
trien; ich übergehe daher andere Beweise.

Hier also haben wir bâbisʿusʿ.

Im Zend fehlt das l und auch im Altpers.
ist keine Spur davon. Ich stehe daher nicht an-,
in dem obigen Worte Babylon zu erkennen. Mein
Zweifel ist nur, ob statt des l in Babel hier
ein Affix sʿu sey, oder ob bâbi. sʿusʿ zu theilen, so dass der zweite Theil des Wortes Susa,
das sʿusʿ der Hebräer sey.

Bei Herodot ist Babylon ein Theil der neun-
ten, der Assyrischen Satrapie, Susa und das
übrige Land der Kissier bilden die achte III.
91. 92.

Ich finde Susa und die Kissier sonst nicht in
der Inschrift erwähnt und glaube nicht, dass die
Uxier, die ich nachher nachweisen werde, für

dieKissier gesetzt seyn können, obwohl sie an Susiana gränzten. Susa, die Residenz der grossen
Könige, und wahrscheinlich Hauptstadt des frühern Reiches Elam *), des Landes der Elymäer,
scheint kaum übergangen seyn zu können. Susa
bezahlte Tribut und zwar einen ziemlich grossen,
300 Talente **). Sind nun die Namen beider
Hauptstädte, Babylon und Susa, in Ein Wort vereinigt? Es sind jedoch grammatische Schwierigkeiten, die ich nicht lösen kann. Erstens wäre
dieses ein Dvandva, wovon ich im Zend kein Beispiel weiss. Zweitens sehe ich gar keinen Ersatz
für das verschwundene l. Nehmen wir aber das
erste s‘ für einen Ersatz des l und das zweite für
den Nominativ, wie in aid‘us‘, çatag‘adus‘. I.
17. 18. Indien, die Sattagyden, so ist bâbis‘u die
Altp. Form für Babylon. Es bleibt hier dann aber
der Einwurf, dass Susa nicht erwähnt ist und die
unerwiesene Behauptung, dass s für l stehe. Hätten wir die Inschrift, worin die Völker westlich
von Halys, also die Lyder aufgezählt werden, so
könnten wir eher die grammatische Schwierigkeit
heben.

Vielleicht lässt sich die Bemerkung, dass Susa
hier nicht erwähnt ist, dadurch beseitigen, dass
diese Inschrift sich auf eine einzelne Darbringung
von Tributen bezieht, bei welcher die Susianer
in der That nicht mit erschienen.

---

*) Jesaias XXII. 6.
**) Herodot l. c.

So wie hier die Inschrift ein Land besonders
erwähnt, das bei Herodot einer Satrapie einver-
leibt ist, so geschieht es sogleich wieder. Das folgende Wort, 𒀹 𒀹 𒀹 𒀹 𒀹 𒀹 enthält keine
unbekannten Buchstaben: árbâh, oder árabâh.
Da die Faem. auf â nicht das h sich beige-
sellen (aiâ. I. 9.), nicht einmal die Mascul. auf â,
wo es auch für das verwandelte s des Nom. gelten könnte (âuramazdâ H. 1. 7.), und die Plur.
der Wörter auf a auch kein h für s bewahren
(pâraçâ I. 8.), so scheint das euphonische h *)
blos medial zu seyn. Es wird also in árbâh der
Aussprache angehören. Daher scheint es also Ar-
rapach-itis zu seyn, ein Theil Assyriens, der
vom Ptolemaeus genannt wird **) und wohl das
Volk der Arphachsad der Genesis ist ***).
Auch ist die Uebereinstimmung der Buchstaben
gross genug, zumal das h nicht blos euphonisch
ist. Da nun aber Assyrien sogleich erwähnt wird,
und die Arrapachitis im nördlichen Assyrien liegt,
so steht dieser Vergleichung zweierlei entgegen,
einmal dass die Aufzählung einen Sprung mache
von Babylon bis nach dem nördlichsten Assyrien,
zweitens dass ein Land, welches gar nicht als ein
sehr wichtiger Theil Assyriens vorkommt, vorzugsweise neben dem Lande Assyrien selbst hervorge-
hoben wird. Es könnte diese Stellung wegen des

---

*) S. oben. S. 30.
**) VI. 1.
***) Ges. Thes. s. v.

folgenden nur gerechtfertigt werden, wenn Arrapachitis das an Babylon zunächst gränzende Assyrien bezeichnete. Ich glaube daher, dass ârbâh
verglichen werden muss mit Ἄρβηλα, mit dem
Theile Assyriens, der auch Arbelitis genannt wird
und um das jetzige Erbil zu setzen ist. Τὰ μὲν
οὖν Ἄρβηλα τῆς Βαβυλωνίας ὑπάρχει, ἃ κατ᾽ αὐτήν
ἐστι *).

Wir hätten hier ein h für das l, welches gewiss dem einheimischen Namen wurzelhaft war
und dieses bestätigt mich in babisʿusʿ das sʿ für
einen Ersatz des medialen l, wie hier h für das
finale, zu nehmen. Denn ich schliesse aus h, dass
die Perser das l durch einen gutturalen Buchstaben ersetzten **), das sʿ gränzte aber im Altpersischen an die gutturale Reihe und ist darin über-
gegangen, wie Khuzistân für sʿusʿan beweist; wir
werden später noch ein stärkeres Beispiel dafür
finden. Es scheint also kein Widerspruch darin
zu liegen, dass h am Ende die Rolle vertreten
kann, die sʿ im Innern der Wörter hat.

Es folgt: 𒀸 𒅗 𒂗 𒈨 𒀸 𒀸

Zwischen diesem und dem vorhergehenden
Worte hat Niebuhr eine kleine Lücke, worin der
Worttheiler stand. Porter hat diesen, der wohl
noch durchschimmerte, ergänzt.

---

*) Strabo XVI. Assyr. §. 3.
**) Es erklärt sich mir auch daher, wie das Indische bâh-
li-ka und das Zendische bâgʿdî, Bactria derselbe
Name sevn kann. Die Indier stellen bâhlîka neben
pâraçika. S. de Pentap. Indic. p. 61. —

In diesem Namen sind die Buchstaben á - u rá
bekannt, â ist die Endung entweder eines Faem.
in Singul. oder ein Nom. Plur. Masc., indem, wie
im Sanskrit, der Name des Volkes im Plural für
das Land gesetzt ist; ich ziehe letzteres vor.

Das noch unbekannte Zeichen 𐎡 hat Grotefend durch i, St. Martin durch h erklärt, unterscheidet aber davon unser h, 𐎛, als ê. Da beide
in den letzten Ausgaben ihrer Alphabete 𐎛 und
𐎡 unterscheiden, brauche ich nicht zu beweisen,
dass sie wirklich verschieden sind und dass es nur
ein Fehler ist, wenn Porter in der Inschrift von
Murghab in dem Nom. des Wortes König, wo
ein 𐎛 constant ist, ein 𐎡 dafür setzt. Worauf
Grotefend's i sich gründet, weiss ich nicht anzugeben.

Die Bestimmung des 𐎡 ist eine der schwierigsten, und wir müssen uns erlauben, etwas weiter dabei auszuhohlen.

𐎡 ist der erste Buchstabe in dem Worte,
worin ich die Sattagyden des Herodots erkenne;
unten Z. 17. Dann steht es nach dem r in dem
Namen der Parther, wo die Griechen ϑ, die
Indier (pârada *)) d geben.

In dem vorliegenden Namen, den ich unbedenklich für den Assyriens halte, geben uns die
Griechen σσ, die Hebräer ein שׁ, in אשׁור, wofür
die Syrer und Chaldäer nach dem Lautgesetz ihrer Mundart t setzten.

---

*) De Pent. Indic. p. 61.

Wir haben also in verschiedenen Umschrei-
bungen dieser Namen ein σσ, s‘, Ϲ, d.

Nun geben ferner bestimmte Zeugnisse t als
den einheimischen Laut unseres Wortes. Dio Cassius
LXVIII, 28. καί που καὶ Ἀτυρία διὰ τοῦτο βαρ-
βαριστὶ τῶν Σίγμα ἐς τὸ Ταῦ μεταπεσόντων ἐκλήϑη.
Die Angabe ist etwas lächerlich gestellt; die Barbaren hätten am Ende von den Griechen lernen
sollen, wie ihre Wörter auszusprechen seyen. Das
Zeugniss bleibt aber dasselbe: dass die Einheimischen ein t im Namen Assyriens sprachen.

Und dieses Zeugniss gilt gerade von dem
Theile Assyriens im weitern Sinne, der hier erwähnt ist und nordwestlich an Arbela gränzte;
Strabo *) stimmt völlig mit der Inschrift, wie wir
sie eben erklärten: ἡ δ’ Ἀτουρία τοῖς περὶ Ἄρβηλα
τόποις ὅμορός ἐστι, μεταξὺ ἔχουσα τὸν Λύκον ποτα-
μόν. — ἐν δὲ τῇ περαίᾳ τοῦ Λύκου τὰ τῆς Ἀτου-
ρίας πεδία τῇ Νίνῳ περίκειται. Ἐν δὲ τῇ Ἀτουρίᾳ
ἐστὶ Γαυγάμηλα κώμη κ. τ. λ.

Also gerade, wie unsere Inschrift ein Aturia
neben ârbâh oder Arbela. In Uebereinstimmung
mit dem Gebrauch der Perser scheint also dieses
Aturia das ursprüngliche Assyrien gewesen zu
seyn, von wo aus der Name sich über die angrän-
zenden ursprünglich verschieden benannten Länder
bald im engern, bald im weitern Umkreise erstreckte.

Zu dem s‘, σσ, Ϲ, d gesellt sich also noch
ein t.

*) XVI, 52. Assyr.

Dass der Altpersische Buchstabe alle diese
Aussprachen zugelassen haben sollte, ist nicht
wahrscheinlich. Man muss nur unter den obigen eine auswählen, aus der die übrigen sich
erklären. Das d als zu weit abliegend, hat nicht
viel Gewicht, da die Parther bei den Griechen
ihr ϑ stets vertheidigten; das ss in Assyria führt
auf ein s', welches die Griechen nicht hatten und
daher in der Mitte σσ, im Anfange blos σ dafür
setzten. Es bleibt also eigentlich nur die Wahl
zwischen s' und ϑ = t'. Nun haben wir aber
schon ein s', nämlich ►≪, demnach bliebe t'. Die
Hebräer könnten den Namen von den Syrern
überkommen und hier, wie sie es in andern
Wörtern gewohnt waren, s' für t gesetzt haben. Sehr lispelnd ausgesprochen könnte t' den
Griechen wie ς geklungen haben und t in Aturia
ist auf jeden Fall eine ungeschickte härtere Aussprache, die nicht die einheimische Assyrische
oder wenigstens nicht die des Persischen 𝍧𝍧 gewesen seyn wird.

Nun haben wir aber ein anderes t' in der
Keilschrift und die Geltung t' für 𝍧𝍧 passt auf
andere Wörter nicht.

I. 24. steht 𝍦𝍦 𝍦𝍦 𝍧𝍧 ►𝍦𝍦 ◥ Ihm geht vor-
an imâm, es ist also ein Accus. Sing. Faem. eines
Consonantischen Themas auf 𝍧𝍧, dieses wird aber
jeder von selbst vergleichen mit dem Zendischen
vîç; die Bedeutung Wohnung passt zu vor-
trefflich auf die Stellen unserer Inschriften, wo
es vorkommt, als dass die Richtigkeit der Ver-

gleichung zweifelhaft wäre. Im Sanskrit hat die Wurzel viç, wie das gleichlautende Substantiv, ein kurzes i, so die Keilschrift. Hr. Burnouf *) hat nun nachgewiesen, dass dieses Zendwort in einigen Casus die tenuis ç in die media ⟨, d. h. das Französische j, verwandelt. Der Dativ Plur. macht vî⟨ibyô, woraus sich der Instr. Plur. vî⟨bîs ergiebt. Ganz genau diese Form haben wir H. 14. wenn 𐎹 = ⟨ ist, nämlich vi⟨ibis͘, die kurzen i für das Zendische î und s͘ für s sind uns schon oben vorgekommen. Der Accus. vi⟨am beweist ein Thema vi⟨ und das Altpersische wird durchgängig ç in diesem Worte in ⟨ verwandelt haben.

Diese Geltung passt auch auf das Wort, welches öfters nach Achämenidisch steht. I. 5. 18. A. 16. H. 5. 12. L. B. 9. 𐎹 𐎴 𐏃 𐎴 𐎢 ⟨âti͘ah, Indisch g͘âtyah, edelgeboren. Das Zd. verwandelt das Indische g͘ theils in z, theils in ⟨; ferner stehen azi und a⟨i neben einander im Zd. wie im Neupersischen ژ und z und es ist bloss zufällig, wenn nicht ⟨âta neben zâta für das Indische g͘âta, Neupersische زاده, zâdeh, im Zd. vorkommt. Es passt weiter diese Geltung auf ein Wort im Anfange der Inschrift H. welches mit dem folgenden componirt, und daher ohne Endung ist. Lesen wir abermals 𐎹 als ⟨, haben wir ma⟨ista͘, das Zendwort mazista, maximus, also wieder ⟨ für z. Da das Zend nun das No-

---

*) Observ. p. 48.

men maçô, Grösse, mit ç schreibt, ist in dem
Altp. Worte eben derselbe Wechsel, wie zwischen
ç u. ς in viç und viςibis͏̓, = vîςibîs.

In einem Le Brun'schen Fragmente *) findet
sich 𒁹 zweimal; ich setze es her und behandele
es jetzt schon im Zusammenhange, da uns alle
die Buchstaben bekannt sind, auf die es uns hier
ankommt:

𒀭 𒂖 𒀭 𒁺 𒀊𒈪 𒀭 𒌷 𒀖 𒀭 𒁹 𒀖 𒀭
𒀖 𒀭 𒀭 𒂖 𒁹 𒀖 𒀖 𒀭 𒀖 𒀭 𒀖
𒁹 𒀭 𒀖 𒀭 𒀭 𒁹 𒀭 𒁹 𒀭 𒀖 𒁺 𒂖 𒀊𒈪 —

Das erste Wort liest sich ârdᵃçâtân. Es ist
gewiss ein Accus. Plur. eines Wortes auf a; ârda
kann das Indische ard'a, halb, seyn und da çata
hundert ist, scheint diese Lesung sicherer zu seyn,
als etwa çtân, stehend, befindlich, anzunehmen. çta ist sonst im Altp. und Zd. für das
Indische st'â. S. H. 8. 15. ârdᵃçâtân bezieht sich
offenbar als Adjectiv auf das folgende Wort, welches âςᵃgin zu lesen ist; das g kann ich erst
später beweisen. Man könnte aus der Endung
in für den Accus. Plur. den Werth eines langen
i für 𒀭 ableiten wollen, nach dem Skt. în; da
aber i sonst nicht passt und das Zend im Accus.
Plur. ã (añ) für ân hat, (auf n habe ich den Zd.
Accus. Plur. nicht entdecken können von Wörtern
auf i), so ist nicht unwahrscheinlich, dass Wörter
auf i im Altp. ihren Accus. Plur. auf kurzes in
bilden. Das Thema wäre also âςᵃgi; was bedeu-

*) Le Brun No. 134. erste Zeile.

tet aber das Wort? Da 〉⟨〈 für das Zendische z
und ζ steht, diese aber für das Indische g, g′ und
h stehen, so liegt es nahe, das entsprechende
Wort im Skt. unter âg′ zu suchen und आज्ञि, âg′i
scheint hieher zu gehören: Schlacht. Nur ist
die Ableitung nicht ganz kl..., ist die Wurzel
ag′, proiicere, so ist das Altpersische Wort
(wenn die Vergleichung richtig ist) eine redu-
plicirte Form, wie in den Indischen Aoristen;
ist âg′i von der Wurzel g′i, vincere, so ist
âζagi eine Reduplication mit a statt i und man
könnte bis auf diesen Unterschied g′igîs′u, wünschend zu siegen, in Beziehung auf die Verwandlung des wurzelhaften g′ in g, damit zusammenhalten; â wäre dann die Präposition. Bei
den wenigen Texten von Altpersicher Sprache
weiss ich nicht, welche Vermuthung sich am besten vertheidigen lässt. In dârhᵃwaus hat Le
Brun für ➤|≡ nur ➤|≣ gegeben. Das folgende
Wort, welches neben dem gewöhnlichen Worte
für König, in einigen Inschriften dessen Stelle
vertritt und dasselbe bedeutet, wird im Genitiv
richtiger geschrieben: ⋝⟨ 〉⟨⟵ ⟨⋝⟨ 〉⟨⟵ 𝕎 L. B.
9. Le Brun hat hier das erste 〉⟨⟵ übersehen und
⟨⋝⟨ verstümmelt. Ich komme später auf dieses
Wort zurück und übersetze es hier durch regis.
Das folgende liest sich dᵃdᵃζihâ und scheint Genitiv eines Wortes auf i; denn wir werden sehen,
dass die auf iᵃ im Gen. 𝕎 ⟨⋝⟨ 〉⟨⟵ 𝕎 ianˆghâ
haben. dᵃdᵃζi muss aber das Wort seyn, welches die Accus. regiert, daher ein Particip. Da

wir nun aber schon in v ĭ ʒ i b i s' das Beispiel des
Bindevocals i bei consonantischen Themen hatten,
so ist das Thema eher d ᵃ d a ʒ. Wäre nun 𝍏 = .t',
so gäbe d a d ᵃ t' das Particip Präs. von d'â, d a -
d'ä t i, setzen, oder dâ, da d â ti, geben. Im Zd.
verwandelt d a d'w a s (d a d'w â o, Nom.) sein d' in
t': da t'us'ô, Gen. wie v î t'us'î Faem. ist von v î d'-
w a s, wissend *). Aber es ist nicht die Partici-
pial - Form v a s, und eher ist das Zendische d a t,
Dat. d ĕ n̄ t ê, in f r a d ĕ n̄ t ê, zu vergleichen; es
wäre aber im Altp. reduplicirt, wie im Skt. d a d a t,
d a d'a t; und diese Form wird es seyn, nur ist
die Frage, ob hier 𝍏 = ʒ ist und eine Verwandlung des t, oder ob es zu lesen ist t' und ob dieses im Altp. für t eintreten kann? Da nun t' sich
nachher finden wird **) und gerade mit der Function des t', welches Verbis im Zend angefügt
wird, so ist 𝍏 auch hier in der obigen Geltung für ʒ zu nehmen und eine Verwandlung für t, deren Gesetz sich wird nachweisen
lassen. Ganz ähnlich ist im Zend die Verbindung zwischen ç n a o d'a, Schnee mit ç n a ê -
ʒ â t, es schneie. V. S. p. 13o. Das letzte Wort

---

*) Yaç. p. 363.
**) t' ist im Zend ohnehin ein kaum zulässiger Wort - An-
fang. S. Burn. Yaç. 509. 510. Dann scheint das
Zendische und Altp. t' von den Griechen vorzüglich
als ϑ oder τ gefasst worden zu seyn, nicht als σ, wie
𝍏 in S a t t a g y d e, A s s y r i a. Vgl. Mithras u. Atrô-
patena von â t'r ó, des Feuers.

ist nicht vollständig: es ist ohne Zweifel das sonst vorkommende ⟨cuneiform⟩ k a r t a, Burg, und ⟨cuneiform⟩ für ⟨cuneiform⟩ ein Fehler Le Bruns. S. A. 18. 15. 25. Ich vermuthe also: quinquaginta praelia Darii regis edentis (palatium —.

Dieses Fragment lässt sehr bedauern, dass die Inschrift nicht in die Hände eines mehr ausdauernden Abschreibers gefallen ist.

Es bleibt noch ein Wort übrig, in welchem ⟨cuneiform⟩ vorkommt. Dieses ist das so oft vorkommende Wort für König ⟨cuneiform⟩ im Nom. I. 1. 2. 19. A. 7. B. 2 etc. Ich habe oben *) gesagt, dass ich die Wurzel von k·s·a·t·r·a im Zend und also von k·s·a·t·r·a im Skt. nicht für k·s·a·d halten kann. Wenn wir vergleichen, dass ursprüngliches â als Endbuchstabe einer Wurzel sich verkurzt und n annimmt, wie in k·â·ta, gegraben, von k·â, später k·a·n, g·a·ta (für g·n·â·ta **), gnatus, gebohren) von g·â, später g·a·n, so drängt sich die Vermuthung auf, dass k·s·a·t·r·a von einer verkürzten Wurzel k·s·â, woraus das spätere k·s·a·n, tödten, woher bekriegen, herstamme; diese Wurzel ist nun Altpersisch; denn k·s·â·h·ç·i·a·h führt auf eine Wurzel k·s·â, das h ist euphonisch und ç·i·a Affix. Da ich nun eben glaube einen Uebergang des Altp. t in ç nachgewiesen zu haben, so muss die-

*) S. S. 24.
**) g·n·â ist geblieben in der Bedeutung: erkennen, g·n·â·t·a, gnotus; das Erkennen war diesen Volkern ursprünglich ein Zeugen.

ses Affix identisch seyn mit dem t i a in ȼâti a,
mit dem tya im Zend. dâiťya, dâitîm, V. S.
109. hâitîm - hâiťya. Yaçn. p. 94. Da dieses
Affix im Zend das t in ť verwandelt, so oft der
folgende Halbvocal sich als solcher behauptet, so
muss der Grund des Ueberganges von t i a in ȼ i a
im Altp. wahrscheinlich in einem frühern Uebergang des t in das lispelnde ť = Ꙅ gesucht werden. In ȼâti a verhindert wohl das radicale ȼ
diesen Wechsel.

Ieh glaube also dieses Ergebniss aufstellen zu
können:

1) Ⲷ ist dem Laute nach das Zendische ȼ,
das Französische j, das Neupersische ĵ.

2) Es hat grammatisch die Geltung des Zendischen z in einigen Fällen, in andern die des ȼ
und kann auch eintreten für ein Zendisches ť *).
Im Skt. sind die entsprechenden Buchstaben g′,
ऋ, h, ऌ, und g, ऋ.

3) Ⲷ ist von den Griechen, die den Laut
nicht hatten, in der ältern Zeit durch σ, σσ,
(Assyria, Sattagydae) und nach r durch Ꙅ wiedergegeben worden (Παρϑία). Die Hebräer setzten
dafür ein Schin, aus dem sich das t in Aturia
bei den spätern Griechen durch die Chaldäische
Aussprache des Schin erklärt. —

Ich lese also âȼurâ, Assyrien.

Nach diesem Worte setzt Porter als ein eige-

---

*) Verwandt ist wohl der Uebergang des Zendischen ť in
Neupersisches s, puťra = puser.

nes Wort ⟪cuneiform⟫ râ. Da aber Niebuhr gar
keine Spur hiervon hat, so hat Porter wohl nur
die Endsylbe des vorhergehenden Wortes aus Versehen wiederhohlt.

Bei dem nächsten Worte ist eine Schwierigkeit durch die Verstümmelung des Monuments.
Niebuhr giebt: ⟪cuneiform⟫ [   ].
In seiner Lücke, die bei Porter vollständig geworden ist, stand ohne Zweifel der Worttheiler und
wie es scheint, auch noch ein Keil ⟪cuneiform⟫. Dadurch
wird ⟪cuneiform⟫ ein ⟪cuneiform⟫, das d ein â. Auch scheint râhâ
eine annehmbarere Endung, als râhd.

In dem vorhergehenden widersprechen sich
Niebuhr und Porter; der erstere giebt die
obigen Zeichen; der letztere setzt vor r ein ⟪cuneiform⟫,
u, und hat dann eine Lücke zwischen seinem
vorhergehenden râ und diesem u. Ich stelle beides neben einander:

Niebuhr: ⟪cuneiform⟫

Porter: ⟪cuneiform⟫ [   ] ⟪cuneiform⟫

Da nun aber Porter eine Lücke vorfand, die
zu Niebuhrs Zeit nicht da war und überhaupt
nicht seines Vorgängers Genauigkeit erreicht; da
er hier zumal sich unter den erloschenen Zügen
so verwirrt hat, das er die letzte Sylbe des vorhergehenden Wortes in die Lücke hineingelesen
hat, so müssen wir dem Niebuhr unbedingt folgen. Porter hat offenbar auch Niebuhrs ⟪cuneiform⟫
in ein einziges Zeichen ⟪cuneiform⟫ zusammengezogen. Nur
eine neue Untersuchung des Originals kann jedoch
volle Sicherheit gewähren.

Die bekannten Zeichen geben: - ûdrâhâ,
das erste ist nicht nur unbekannt, sondern auch
ein ἅπαξ λεγόμενον. Grotefend setzt dafür zweifelnd k an, ich bezweifele dieses, da ich ein sicheres k kenne. Das umgekehrte unseres Charac-
ters, ►◄Ξ, ist ein g'. Ein ganz ähnliches ist aber
◄Ξ oder g, wovon unten.

Welchen Weg sollen wir nun einschlagen,
um Ξ◄► zu bestimmen? Es giebt zwei.

Erstens werden wir nachher sehen, dass
von Consonanten (und ein solcher muss unser
Buchstabe seyn) uns nur das s und initiale y fehlen, wenn es überhaupt ein drittes s im Altpersischen gab. Wir hätten also zwischen diesen zu
wählen.

Zweitens. Da Assyrien vorhergeht und Armenien und Cappadocien folgen, so wollen wir
einen Völkernamen aufsuchen, welcher der Gränze
jener beiden Länder angehört, um etwa dadurch
eine Aufklärung zu gewinnen.

Es bieten sich zunächst die Kurden dar, das
Land Gordyene: πρὸς δὲ τῷ Τίγρει τὰ τῶν Γορ-
δυαίων χωρία, οὕς οἱ πάλαι Καρδούχους ἔλεγον *),
Wäre das erste ein g oder k, so scheint gudrâ-
hâ, kudrâhâ eine Aehnlichkeit darzubieten. h
wäre = χ, ρδ = dr, die Vocale aber auch um-

---

*) Strabo XVI. Assyr. §. 24. ʻWahrscheinlich bedeutete
das Wort im Altp. Räuber: Καλοῦνται δ᾽ οὗτοι Κάρ-
δακες, ἀπὸ κλοπείας τρεφόμενοι. Strabo XV. Persis,
§. 18.

6

gestellt. Freilich bietet sowohl Gordyene, als das
neuere Kurd ein o-u in der ersten Sylbe dar.
Weiter sagt Strabo von Atropatene (XI. Med.
§§. 2. 3.): es liege östlich von Armenien und
Matiane, westlich von Gross-Medien, nördlich
von beiden; vom nördlichsten Theile heisst es,
sie sey Καδουσίων κατοικία τῶν ὀρεινῶν, καὶ Ἀμάρ-
δων, καὶ Ταπύρων, καὶ ἄλλων τοιούτων, οἱ μετα-
νάσται εἰσὶ καὶ λῃστρικοί. καὶ γὰρ ὁ Ζάγρος, καὶ
ὁ Νιφάτης κατεσπαρμένα ἔχουσι τὰ ἔθνα ταῦτα.
καὶ οἱ ἐν τῇ Περσίδι Κύρτιοι — καὶ οἱ ἐν τῇ Ἀρ-
μενίᾳ μέχρι νῦν ὁμωνύμως προσαγορευόμενοι, τῆς
αὐτῆς εἰσὶν ἰδέας.

Die Kadusier führen zu weit gegen das cas-
pische Meer hin und gleichen zu,wenig im Namen, die Kyrtier, die auch in Armenien am Berge
Niphates sassen, würden eine passendere Vergleichung darbieten, wenn es nicht eben wieder eine
andere Benennung für die Kurden wäre. Denn
der Niphates ist eben ein Theil des Gordyenischen
Gebirges, dessen südliche Fortsetzung der Zagros ist.

Da wir ein Volk suchen, welches zwischen
Armenien und Assyrien sass, so passt keines so
gut, wie die Kurden, deren Stamme gerade auf
dem Scheide-Gebirge beider Länder hausten und
unter verschiedenen Namen als Karduchen, Gor-
dyäer, Kyrtier, erscheinen. Ja, wahrscheinlich sind
die Marder, Tapurer, Kadusier auch nur andere
Stämme desselben Volkes, welches so weit her-
umstreifte.

Unser Name passt auf dieses Volk, sobald
das erste Zeichen ein g' oder eine Variante des
⟨ℰ꙳ durch Umstellung des ⟨ seyn kann, und die
Versetzung von d r in r d zugelassen wird.
Bei Herodot müsste man den Namen entweder in der 17ten Satrapie der Matiener, Sapirer
und Alarodier suchen; oder in der 13ten der
Πακτυϊκῆς δὲ, καὶ Ἀρμενίων καὶ τῶν προσεχέων μέχρι τοῦ πόντου τοῦ Εὐξείνου *), suchen. Die 17te
erstreckt sich offenbar von der Ostseite Armeniens
von Matiane an bis an den Araxes hinauf; die
13te umfasst Armenien und die Völker in nordwestlicher Richtung bis an den Pontus. Wenn
das sonst in dieser Richtung unbekannte Pactyica
richtige Lesart ist, müsste es nach der Art der
Erwähnung dieselbe Lage mit Gordyene haben.
Da aber die Pactyes ein Volk des östlichen Persiens sind **), scheint die Lesart sehr verdächtig.
Rennel ***) sieht sich genöthigt, um doch etwas anzunehmen, die jetzigen Bakhtiaris in Persis, in den alten Sitzen der Uxier, hieher zu ziehen, aber sehr unwahrscheinlich.
Herodot erwähnte wahrscheinlich statt Paktyika des Volkes der Kurden und wenn ich be-
fragt würde, unter welchem Namen, würde ich
antworten: unter dem der Chaldäer. VII, 63,
Ασσύριοι, τουτέων δὲ μεταξὺ Χαλδαῖοι. Ich meine

*) III. 93.
**) Herodot IV. 44. III. 102.
***) P. 279.

damit natürlich die nördlichen Chaldäer, die Xenophon im Armenischen Gebirge fand *).

Ja, dieser Name möchte am besten auf unsere Stelle passen, wenn sie g'udrâhâ zu lesen ist; das l musste im Altp. vertauscht werden. Um sicherer hierüber zu sprechen, warte ich eine neue Einsicht des Originals ab.

Es folgt: 𒀸𒌋𒈨𒄿𒊩.

Der Anfang âr, das Ende n lässt Armenien in dieser Stelle errathen. 𒄿 kennen wir als i und 𒈨 scheint dem 𒄩, h, gleich zu seyn; dafür haben es auch Grotefend und St. Martin genommen.

Nun finde ich aber 𒈨 immer nur in Verbindung mit 𒄿 und zwar in den Namen so, dass ein m erfordert wird. Ich berufe mich auf den obigen Namen und auf Chorasmien Z. 16-17. wo 𒈨 𒄿 𒄩 nach dem z steht, für welches die Griechen ς setzten.

Auch scheint m auf die Appellativa zu passen; ich rede nicht von H. 19., wo Porter die Lesart zweifelhaft macht. Ein anderes Wort steht A. 12. L. B. 8. wo nur Le Brun gegen Niebuhrs und Porters Auctorität ein 𒌋 für 𒌅 setzt; also u oder g. Das Wort selbst ist ein Genitiv Faem., der regiert wird von dem Worte König, es folgt darauf: wᵃzᵃrkâhâ, der grossen. Es ist dieses: 𒁹𒌅𒈨𒄿𒄩𒀸𒅆.

---

*) Anab. IV. 3. 4.

Vorher geht das Wort âᵃnͮghâhâ, welches
ich vorgeschlagen habe durch seyend zu erklären *). Es müsste also ein Wort seyn, was Erde
bedeutet. Dieses Wort hätten wir, wenn wir
das mittlere für m nehmen dürften: bumihâ
würde das Indische bûmi þis auf den Unterschied des Vocals seyn. Ja, da sich u und û sehr
nahe stehen, ist es die Frage, ob nicht A. 12. û
gelesen werden kann. Le Brun lässt die diakri-
schen Keile ganz weg und setzt ⟨𝍟 für u.

Hieraus geht mir mit Sicherheit hervor, dass
in 𝍟⪵ ein m enthalten ist. Da nun aber immer
ein 𝍦 darauf folgt, muss dieses damit in Verbindung stehen. Ob auch dasselbe vor u statt findet, darüber geben unsere Texte keine Aufklärung.

Es scheint mir, dass in 𝍟⪵ 𝍦. zuerst 𝍟⪰, h,
liegt, dann ist von ⪰𝍦𝍦 der Querkeil dem h angefügt, das i vollständig.

Ich suchte oben die Schreibart thmihᵃ,
als eine Andeutung des dem m vorangehenden a zu erklären, weil ⟨⪵⟨ nicht in der
Mitte erscheinen könne, ohne den Laut nͮg zu
bezeichnen. Diese Erklärung passt nicht hieher,
denn man kann nicht in Verlegenheit kommen,
bmihâ zu sprechen, da bu ausdrücklich da
steht. Hat also hier 𝍟⪰ wirklich die Function,
nicht sowohl sylbentrennend zu seyn, als wirklich
selbst einen kurzen Vocal zu bezeichnen, etwa das

*) S. oben S. 55.

Zendische ĕ? Doch diesem widerstrebt auch bumihâ. qârᵃzamiᵃh lässt die Erklärung zu und
ârᵃmin würde nicht dagegen seyn.

Ich stosse hier auf eine Dunkelheit in dem
Systeme dieses Alphabets, die ich nicht lösen
kann. Ich weiss wohl, dass im Zend hm eine
Ligatur bildet; diese wird aber gleichbedeutend
neben dem getrennten hm gebraucht, so steht
Vend. Frgd. 2. im Anfange kahmâi bei Olshau-
sen mit der Ligatur, bei Burnouf mit getrennten Zeichen, während unser hm nie mit getrenn-
tem h-m wechselt. Im Zend ist es nur eine andere Art zu schreiben; in der Keilschrift hängt
eine eigenthümliche Erscheinung des Lautsystems
damit zusammen. Denn ⑂⟨⊢ ⊢⟋⟋⟋ steht an andern
Stellen getrennt und ⑂⟨⊢ scheint dann immer
wesentlich zu seyn, während es hier nur als eine
Schattirung im Laute des m bezeichnend, sich
darstellt.

Da m in den Fällen, wo ⑂⟨≽ vorkommt, der
vorwaltende Laut seyn muss, will ich es zum Unterschiede mit ʿm bezeichnen.

ârʿmin wird ein Nominativ seyn, dem, wie
sonst den Consonanten im Altp., das s fehlt. Man
könnte auch ârᵃmin lesen, wenn ein genügen-
der Grund dazu vorhanden wäre. Strabo unter
den ältern, unter den neuern zum Theil Michaë-
lis *) haben das Wort mit aram in Verbindung
gebracht und nach Moses von Chorene soll Aram
einer der Stammväter der Armenier gewesen

---

*) Spicileg. II. 120.

seyn, nach dem die fremden Völker das Land so benannt hätten. Regionem nostram nominaverunt Graeci Armeniam, Syri et Persae Armenich *). Der Stammvater Aram wird ihnen wohl mit der Gelehrsamkeit nach Einführung des Christenthums gekommen seyn. Dass die Griechen Armenier sagten, bezeugt schon Herodot; aber ob der Name Syrisch oder Persisch sey, wäre gerade, was zu wissen nöthig ist, um ihn zu erklären. Wenn der Zendname sich nachweisen lässt, wird er wohl die beste Aufklärung geben; dem Anscheine nach liegt darin der alte historische Kern des Namens der Arier, der âryas, zu deren Sprachgebiet die Armenier entschieden gehören **)

Das nächste ist: 

Für das erste und letzte Zeichen passt nur die Bedeutung k; ich führe nur an, dass es so vorkommt in çakâ I. 18. in kartam, Pallast, A. 18. 20. in kârâ I. 8. ministri, Skt. कार, kâra. Die Vermuthung, es sey gleichbedeutend mit  gründet sich nur auf Le Brun's Fehler. Es versteht sich von selbst, dass durch das Verwischtwerden eines Querstrichs aus einem ç ein k werden kann; an und für sich ist auch der kleinste Keil nicht gleichgültig und es sind nur wenige Fälle, dass ein kleiner Keil seine Stelle etwas verschieben darf.

---

*) Siehe Mich. a. a. O. p. 123.

**) Ind. Bibl. III. S. 70.

Das ⟨𝕀𝕀⟩ stellt sich ebenso sicher als tʿ heraus in den Verben pâtʿaqa A. 23. H. 16. L. B.
15. beschütze. bᵃrtʿaqᵃ, H. 14. nimm, trage;
dâtʿaqᵃ L. B. 12. gieb, udâtʿaqᵃ H. 23. bringe
hervor. Da die Wurzeln hier im Skt keinen Zusatz
haben und pâ-dâ(dʿâ)-bʿrʾi (Guna bʿar.) lauten,
so muss der angefügte Dentale das Zendische tʿ
seyn, wie in frîtʿ aus frî, Skt. prî, dátʿ aus
dâ *). In udâtʿaqᵃ, gehört u der Präpos. ud =
ut, die den letzten Consonanten eingebüsst hat.
Das Altp. verwandelt also hier nicht, wie das
Zend, den ersten zweier Dentalen in einen Sibilanten (uz), sondern wirft einen ab; das Skt. würde
uddâ sagen. Die Endung der obigen Verba ist
im Skt. sva, 2. sing. imperat. med. im Zend
(hva = n̄ghva=) n̄guha, was ich nach Burnouf's
Erörterungen für ausgemacht halte.

Unser Wort ist also katpatʿuk, Ċappado-
cien, gerade das Land, welches nach Armenien
kommen musste. Wir dürfen diese Form für die
ächte, einheimische halten; das ππ ist eine leicht
erklärliche Assimilation. Das tʿ steht zwischen
zwei Vocalen, wie im Zend. Die Perser sollen
die Cappadocier die weissen Syrer genannt haben; wie lautete aber das Wort? Das obige wird
es nicht seyn.

Herodot erwähnt nicht die Cappadocier unter diesem Namen im Verzeichniss der Satrapien,

---

*) S. Burn. Y. 556. 595. Rec. von Fr. Windischmann, Jen.
Allgem. L. Z.

aber es ist erwiesen, dass die Syrer seiner 3ten Satrapie die Cappadocier sind *). Da nun hier die Völker einzeln aufgezählt werden, und die Phryger, ein anderes grosses Volk dieser Satrapie, nicht aufgezählt sind, so ist es klar, dass unsere Inschrift nicht die Eintheilung jenes Verzeichnisses befolgt.

k a t p a t'u k ist wieder ein consonantisches Thema ohne Zeichen des Nominativs.

Es folgt: 𒁹 ç ᵃ p ᵃ r d.

Niebuhr und Porter geben beide das d am Ende, ich bemerke dieses, weil das d im Herodotischen Namen fehlt. III. 94. Ματιηνοῖσι δὲ, καὶ Σασπέροι, καὶ Ἀλαροδίοισι διηκόσια ἐπετέτακτο τάλαντα. Es war die 18te Satrapie. VII. 79. steht aber Σάπειρες, also ganz unser Wort bis auf das finale d. Wir werden auch in ç ᵃ p ᵃ r d einen Nominativ ohne s erkennen.

Rennel hat genügend gezeigt, dass die 18te Satrapie nordöstlich an Armenien gränzte, nach Herodot's eigenem Ausdrucke waren die S a p e i r e s zwischen Colchis und Medien. Die beiden übrigen Völker kennt unsere Inschrift nicht.

Das nächste Wort ist leichter zu lesen, als zu erklären: 𒁹 h u n â, ein Nom. Plur. des Völkernamens.

Wie kommen Hunnen in dieser Zeit, in diese Gegend? Wir haben natürlich nicht an die spä-

---

*) Rennel p. 238.

tern Hunnen zu denken, weder an die Attilas,
noch an die Beherrscher des Indus zur Zeit des
Cosmas, oder an die Nephthalitischen des östlichen Persiens späterer Zeit. Die unsrigen sind an
Alter weit ehrwürdiger.

Setzen wir erst die Lage fest. Cappadocien,
Armenien, die Sapiren bilden einen Gürtel beinahe vom Schwarzen bis an das Kaspische Meer.
In Norden reichte die Herrschaft der Achämeniden nur bis an die Vorstufen des südlichen Caucasus. Herod. III. 97.: Κόλχοι δὲ ἐτάζοντο ἐς τὴν
δωρεὴν καὶ οἱ προσεχέες μέχρι τοῦ Καυκάσιος οὔρεος.
ἐς τοῦτο γὰρ τὸ οὖρος ὑπὸ Πέρσῃσι ἄρχεται. τὰ δὲ
πρὸς βορῆν ἄνεμον τοῦ Καυκάσιος Περσέων οὐδὲν ἔτι
φροντίζει. Die Colchier brachten Gaben, keinen
Tribut, und können nicht gemeint seyn, da die
Inschrift ein Wort hat, welches sehr bestimmt
tributum, impositum, bezeichnet.

Also sind unsere Hunas südlich vom Caucа-
sus und den Colchiern zu suchen und es bleibt
nur der Strich übrig, der von der südlichen Ecke
des schwarzen Meeres, vom Lande der Lazen, sich
hinaufzieht bis an die nordwestlichen Gebirge Armeniens, wo die Quellen des Araxes und Euphrats
sich beinahe berühren. Hier war Herodots 19te
Satrapie, die aus den Μόσχοισι δὲ, καὶ Τιβαρη-
νοῖσι, καὶ Μακρῶσι, καὶ Μοσσυνοίκοισι, καὶ Μαρσὶ
bestand, lauter verschiedene Namen. Die Perser
scheinen diese Völker unter dem Namen Huna
zusammenzufassen.

Die Tibarener und Moscher sind bekanntlich

die Thubal und Meschech der Schrift*); diese
erklären nun die Talmudisten durch Hunnen**).

Da unsere Inschrift gewiss von der Verbreitung der Hunnen nichts wissen konnte, so gewinnt
die Erklärung der Talmudisten einen ganz andern
Werth, als sie früher hatte, obwohl es mir nicht
sehr denkbar scheint, dass gerade die Verbreitung
der Hunnen über das östliche Persien gegen Indien hin oder auch nach dem Don und von da
über Europa sie veranlasst haben könne, einem
Volke in einer Ecke des schwarzen Meeres diese
Benennung zu geben.

Ich glaube aber, dass wir die Hunnen in dieser Gegend in so alten Zeiten auch noch historisch nachweisen können. Die Perser nannten
mit einem allgemeinen Namen die Nomaden des
Turans Sakae, so auch die Indier ***). Die
Griechen Skythen. Beide Benennungen werden
aber von einem einzelnen dieser Völker hergelei-
tet seyn. Niebuhr, der Sohn, hat es schon von
den Skythen behauptet †). Ebenso wurde Hunnen nachher ein allgemeiner Name, war aber ursprünglich gewiss der eines einzelnen nomadischen
Volkes des innern Asiens. Also können Hunnen,
die wirklich so hiessen, in der ältern Zeit sehr
wohl von den Persern unter dem Namen Saker

---

*) Michaël. Spicil. I. 47.
**) Mich. a. a. O.
***) De Pentap. Ind. p. 57. 61. Herodot. VII. 64.
†) Kleine historische Schriften I. 353.

mit einbegriffen gewesen seyn. Ich trage daher
kein Bedenken, die in sehr alter Zeit gerade in
diese Gegenden eingewanderten Saker für die Hunnen unserer Inschrift zu halten. Die Perser werden sie beides, mit dem speciellen Namen Huna, mit dem allgemeinen Saka genannt haben.
Strabo XI. Scyth. §. 4. Tzsch. Σάκαι μέντοι παρα-
πλησίας ἐφόδους ἐποιήσαντο τοῖς Κιμμερίοις καὶ
Τρήρεσι. τὰς μὲν, μακροτέρας, τὰς δὲ, καὶ ἐγγύθεν.
καὶ γὰρ τὴν Βακτριανὴν κατέσχον, καὶ τῆς Ἀρμε-
νίας κατεκτήσαντο τὴν ἀρίστην γῆν· ἣν καὶ ἐπώνυ-
μον ἑαυτῶν κατέλιπον τὴν Σακασήνην· καὶ μέχρι
Καππαδοκῶν, καὶ μάλιστα τῶν πρὸς Εὐξείνῳ,
οὓς Ποντικοὺς νῦν καλοῦσι, προῆλθον.

Ich übergehe die folgende Erzählung; welcher
der beiden von Strabo erwähnten Sagen ·man aber
auch den Vorzug gebe, so viel lässt sich daraus
entnehmen, dass diese Sakae schon zu Cyrus Zeit
den Zug gemacht hatten und dass sie Persische
Götter verehrten.

Auch Plinius, Arrian, Ptolemaeus erwähnen
diese Sakae *); ihre Wohnsitze fallen gerade in die
Moschischen Gebirge und in das Quell-Land der
südlichen Zuflüsse des Cyrus, in die Nähe der
Thubal und Meschech. Ja es sind gewiss auch
die Skythiner Xenophons **).

Nun will ich nicht behaupten, dass Tibarener und Moschi nothwendig Stämme dieser Sakae,

---

*) Siehe die Noten zur Strabonischen Stelle.
**) Anab. IV. 7, 8.

Skythen oder Hunnen sind, obwohl ich es für
wahrscheinlich halte; aber nur behaupte ich,
dass es so unrichtig nicht ist, wenn die Talmudisten Hunnen in diese Gegenden versetzen.

So hat gerade Isidorus von Charax *) das
Land Sakastene (Sakistan - प्राकस्थान, çakast'âna)
genannt, welches damals Hauptsitz der Nephthalitischen Hunnen im östlichen Persien unter der
Parthischen Dynastie war, und woher sie an den
Indus kamen, wo Cosmas sie unter diesem Namen
kennt.

Dieses ist aber ein Fingerzeig um zu beweisen, wie im Caucasus schon so frühe Völker sehr
verschiedener Abstammung und Sprache sitzen
konnten. Wie diese Hunnen andere dort hinauf
drängten, werden sie später selbst hinaufgedrängt
worden seyn.

Das nächste Wort ⋝⫇⫇ ⪤⫇⪤ - ⪤⫇⪤ ist verstümmelt; aus dem dritten Buchstaben hat Porter ⫇⫇,
Niebuhr ⫇⫇ aufbewahrt; da das Wort am Ende der
Zeile wiederkehrt, ist kein Zweifel, dass ⫇⫇ herzustellen sey. Ich habe oben **) schon gesagt, dass ich darin ta ihᵃ finde, diese hier, was wahrscheinlich
auf die Stellung des zunächst folgenden Volkes in
der Abbildung Bezug hat. Es ist aber zugleich
eine Andeutung, dass die bisherige Reihe von
Völkern beendigt ist; ehe die neue, nach Osten
vom Centrum aus gehende, angefangen wird, wer-

---

*) p. 8.
**) S. 32.

den zwei auf der Gränze des westlichen und östlichen Irans wohnende Völker eingeschaltet.

Das nächste ist: ⟨𝕋 𝕏 - ⟨≍⟨ ⟨⟨⟩ 𝕄 ⟨

Für das dritte Zeichen giebt Porter nichts als eine Lücke; Niebuhr aber ⟨, was k oder ç ist, je nachdem ein oder zwei Striche verlohren gegangen sind; usᵏaⁿgha oder usᶜaⁿghâ.

In dem Gebirgs-Zuge, der Persis von der Susiana trennt, wohnten nördlich die kriegerischen Οὔξιοι *), an den Quellen des Choaspes, also etwas nördlicher, als die Karten sie gewöhnlich setzen. Alexander **) zog gegen sie von Susa. Etwas nördlicher auf dem Wege zwischen Ecbatana und Babylon wohnten die Κοσσαῖοι. Strabo sagt ***): Κοσσαίους δὲ καὶ δῶρα λαμβάνειν, ἡνίκα ὁ βασιλεὺς θερίσας ἐν Ἐκβατάνοις εἰς τὴν Βαβυλωνίαν καταβαίνοι. Den Zug gegen die Uxier wiederhohlte Alexander später gegen die Kossäer; καταλῦσαι δ' αὐτῶν τὴν πολλὴν τόλμαν Ἀλέξανδρον, ἐπιθέμενον χειμῶνος †).

Nearch giebt uns die Aufklärung ††), dass auf dem Hochlande zwischen Medien, Susiana und Persis vier räuberische Völker sassen: ὧν Μάρδοι μὲν Πέρσαις προσεχεῖς ἦσαν, Οὔξιοι δὲ καὶ Ἐλυμαῖοι τούτοις τε καὶ Σουσίοις, Κοσσαῖοι δὲ Μήδοις. Man

---

*) Strabo XV. Persis. §. 4. §. 12.
**) Arr. III. 17.
***) XI. Media. §. 6.
†) Arr. VII. 15. Strabo l. c.
††) Strabo XI. Med. §. 6.

orientirt sie hienach richtiger, als es auf vielen
Karten geschieht.

Strabo fügt ihnen noch die Παραιτακηνοί hinzu, οἱ συνάπτουσι Πέρσαις. Es waren alle Berg-
völker und daher wird der letzte Name eher allen
gemeinschaftlich, als einem einzelnen angehörig,
gewesen seyn, Marder kamen auch oben bei den
Kurdischen Völkern vor *), ihr Name: männ-
lich, bezeugt ihren Persischen Ursprung. Die
Uxier und Kossäer nach allen Spuren ebenso und
eben nur die Elymäer mögen aus dem semitischen
Tieflande hinaufgestiegen seyn, wie noch die Be-
duinen an jenem Gränz-Abhange herumziehen.

Die Kossäer nannte Plutarch Kussäer **) und
dieses führt darauf, ihren Namen mit dem der
Uxier zu vergleichen. Die Kussäer sind die Uxier
mit einem behauchten Anfangs-Buchstaben, der
ihnen vielleicht von den Nachbarn beigegeben
wurde. Der Altp. Dialect lässt den Spiritus im
Anfange weg, auch wo das Zend ihn hat und
wenn das Wort Kussäer-Uxier eine appella-
tive Bedeutung hatte, wird der Name, wie ein anderes Appellativ, dieser Regel unterworfen gewesen
seyn. Gerade die zunächst an Persien wohnenden
heissen Uxier, die andern Kussäer.

Dieses Appellativ scheint usçanĝhâ zu seyn,
die gesetzlosen; usʿ für ut, wie im Zend; çan-
ĝh = Skt. ças, regieren, woher çâstra, Gesetz.

---

*) S. oben S. 82.
**) Alex. 73. τὸ Κουσσαῖον ἔθνος κατεστρέφετο.

Dieser Name wird ihnen von den Persern und Medern beigelegt worden seyn, sie selbst werden sich Marder genannt haben.

Der Gebirgs-Zug, ihre Heimath, ist ein südlicher Ausläufer des Zagros, dessen nördlichste Zweige die Karduchen berührten. Noch jetzt ziehen sich Kurden von Armenien bis nach Luristan hinunter und es wird im Alterthum eben dasselbe gewesen seyn: Iranische Hirten-Völker, an das freie Bergleben gefesselt und durch weite Wanderungen zerstreut, in viele verschiedene Stämme und Namen zerfallend. Unter welchem Namen hat Herodot diese Uxier und Kussäer erwähnt? Denn übergangen wird er sie kaum haben. Rennel macht die Utier *) zu Uxiern nach einer nicht sehr wahrscheinlichen Vergleichung der Namen und einer gewissen Aehnlichkeit in der Bewaffnung. Ich glaube sie von den Utiern trennen zu dürfen und finde sie unter den Orthocorybanten wieder, die zur Medischen Satrapie gehörten, wie die Kussäer an Medien gränzen und Rennel selbst die Orthocorybanten ansetzt. Nicht weil ich oben ὀρϑο durch hoch erklärte **), sondern weil Korbiana gerade da lag, wo die Elymäer, Uxii, Kussäer wohnten. Ἐστὶ δὲ καὶ Κορβιανὰ ἐπαρχία τῆς Ἐλυμαΐδος sagt Strabo ***); es ist klar, das Herodot es Griechischer

---

*) P. 291.
**) S. 64.
***) XVI. Assyr. §. 18.

fand, κορυβάντες, als κορβιάνοι, zu sagen. Es war das Hochland der Elymäer im weitern Sinne, wie es Strabo oft gebraucht.

Ich lese also: us͑çaⁿg͂hâ, die Uxier.

Es folgt: ⟨𒀭 𒈠 𒊏 𒀀 𒈠 𒆪 𒈾 𒆪 𒀀 *) utâ taihᵃ.

utâ erkläre ich später, es ist eine Partikel, die und, ferner, bedeutet. Also: und diese da. Dann: 𒀭 𒈩 𒆪 𒋻 𒆪 𒊏 𒀀 drhᵃ-n͂ghâ.

Ohne Zweifel die Δράγγαι, zwischen Karmanien, Gedrosien, Arachosien, Aria und der grossen Wüste, die Arrian auch die Ζαράγγοι, Ζαραγγαῖοι, nennt. Man wird die Stellen beisammen finden bei Burnouf **), der ihren Namen gewiss mit Recht aus dem Zend erklärt, von Zarayang͂h, See, nämlich der, worin sich der Etymander, der haêtumĕn͂t des Zendavesta, ergiesst; jetzt der Zareh.

Herodot zählt in der 14ten Satrapie die Saranger, Sagartier, Thamanäer, Utier, Myker zusammen auf, erwähnt daneben keine Dranger. Unsere Inschrift hat nun aber nachher auch die Saranger und es fragt sich, ob nicht doch beide Völkernamen zu trennen sind, da es Altpersischer Sprachgebrauch war. Nicht als ob es ursprünglich verschiedene wären, denn dran͂gha verhält

---

*) Porter fand das i nicht mehr vor und von h nur 𒆪.
**) Yaç. Not. XCVII.

sich zu zarayan͂gh, wie das neuere dest, Hand,
zum Zendischen zasta. Es lässt sich diese Untersuchung am besten
unten anstellen und ich schiebe sie bis dahin auf.
Es folgt: ⟨𝖳𝖳 ≥𝖨𝗏𝖨 𝖳𝖳𝖳 ⟍ 𝖳𝖳 ⟨≥⟨ 𝖨⟨⟋ 𝖳𝖳𝖳 ⟋𝖨≣ ⟍
≥𝖨𝗏𝖨 𝖨⟨⟋ 𝖳𝖳𝖳 ⟍
utâ, dᵃn͂ghâwa, thâ. Weiter diese
Länder.

Ich übersetze Länder, weil thâ, als ein Pronomen, sich wie ein Nom. Plur. Faem. darstellt;
auch habe ich oben diesen Casus dem Worte
dᵃn͂ghu im Altp. nachgewiesen.
I. 3. steht aber thisʻâm bei dᵃn͂ghunâm,
also hier ist es Mascul. Ich schliesse daraus, dass
es einmal Faem. ist in der Bedeutung Land, Masc.
aber in der: Volk. Nach dem Zend würde man
eher schliessen, dass im Plur. die Geschlechter
etwas durcheinander geworfen werden; für das
Altp. möchte ich dieses nicht annehmen; es wird
auch im Zend mehr der fortschreitenden Corrup-
tel der Ueberlieferung, als der Sprache angehören.
dᵃn͂ghâwa ist ein Beispiel von einem Worte,
welches das s nach dem kurzen a ganz abwirft;
doch ist dieses wohl auf den Pluralis zu be-
schränken, der auch im Zend die Endungen des
Nom. und Accus. mehr verkürzt, als die anderer
Casus. Sonst ist dᵃn͂ghu oben behandelt *).
Es folgt nun eine neue Reihe von Ländern,
alle östlich von Persis; die Weise, wie sie ein-

---

*) S. S. 48.

geleitet wird, deutet auf eine wohlbewusste Trennung in zwei Abtheilungen. Ist diese Theilung
nach der Darstellung auf den Basreliefs oder nach
der geographischen Lage? Gewiss beides. Das
heisst: die Anordnung wird in den Abbildungen
eben die der Reihenfolge der Völker seyn, nach
zwei Seiten, erstens nach Westen, Medien, Babylon, dann den Tigris aufwärts; zweitens nach
Osten hin. Einzeln stehen nun in der Mitte die
Uxier und Dranger, und keiner der beiden
grossen Abtheilungen angehörig; von den Uxiern
lässt sich leicht auf der Karte sehen, mit welchem
Rechte; die Dranger scheinen eher der zweiten
grossen Hälfte zuzufallen. Doch hierüber unten.

Es folgt nun: 𒀭 𒂗 𒆠 [𒁹] 𒆕.

Für die Lücke giebt Niebuhr nur einen Keil,
aber so gestellt, dass es ein mittlerer gewesen seyn
wird. Porter hat blos 𒂗 [ ] 𒀭 [ ] 𒆕; also
eine noch grössere Verstümmelung. Ich ergänze
Niebuhr's 𒁹 zu 𒂠𒌋, dann steht parutᵃh, Nom.
Sing. Masc. eines Wortes, welcher im Skt. par-
vatah, im Zd. pôurutô nach dem Lautgesetz
der letztern Sprache lautet und Berg bedeutet.

Hr. Burnouf hat nachgewiesen, dass dieses
Wort im Zend Name eines Landes ist *). Dieses
Wort könnte wohl jedes Gebirg bedeuten, aber
die Griechen erwähnen ebenso die Παρυῆται als
ein besonders sogenanntes Volk. Man wird auch
darüber B. s Zusammenstellungen genügend finden.

*) Y. Not. C.

Hier ist offenbar dasselbe Gebirgs-Land gemeint.
Im Zendavesta folgt auf pôruta, môuru und
harôyu, Margiana und Aria; es wird also der
Gebirgszug seyn, der Aria südlich begränzt, vom
See Zareh sich nordwestlich nach Parthien hin-
ziehend. Ja, der Name ist geblieben, weil hier
jetzt ein Kohistan, Bergland, gesetzt wird. Die
Paryetae des Ptolemaeus sind mehr nach der Ost-
seite der Gebirgs-Reihe ausgedehnt, als unsere
Inschrift die paruta setzt; denn sie geht von
Persis zuerst nach dem See Zareh und dann nörd-
lich mit westlicher Neigung.

Herodot giebt uns nicht diesen Local-Namen,
sondern die von Völkern; da wir in der Inschrift
sogleich Herodot's Sagartii finden, so wird die Gegend in seiner 14ten Satrapie enthalten seyn, zu
der ausser den Sarangern und Sagartiern die Thamanäer, Utier und Myker gehörten. Vielleicht
nur die zwei erstern, weil die Myker sich wahrscheinlich auch in unserer Inschrift zeigen werden.
Unser Name scheint aber der der Aparyten,
III. 91. zu seyn, a vorangesetzt, wie in Amar-
der, S. 82. oben, und nicht ein a privativum.
In der Stelle von dem Flusse Akes, dem man so
verschiedene Lagen gegeben hat, wohnen um den
Bergkessel, woraus der Fluss nach fünf Seiten
geflossen seyn soll, die Chorasmier, Hyrkanier,
Parther, Saranger und Thamanäer *). Dieses
giebt den Thamanäern etwa die obige Lage,

*) III. 117.

ohne dass der Fluss dadurch aufgefunden worden ist.

Es folgt: 𒀹 𒇺 𒁹 𒂍 𒅆𒇹 𒀹

Das 𒁹, welches man für idendisch mit u, 𒀹, gehalten hat, bildet den Anfang des Wortes gadâr, die Gandarer und ist ebenso ein g in baga L. B. 1. bagibis' A. 24. bagânâm H. 1. Zd. baga, Skt. b'âga. Also überall, wo der Buchstabe vorkommt.

Ich lese âçagart und finde darin die eben erwähnten Sagartii. Da das Wort eine Theilung in zwei denkbare Wörter: âça, woher, açman, Himmel, im Zend *) und L. B. 2. und garta, Skt. Höhle, zulässt, zweifle ich nicht, dass unsere Form des Namens die ächte einheimische ist; etwa das Land der Felsen-Höhlen (nach açman, Skt. Stein, Fels). An Parutah wird ein Schluchtenland gränzen.

Aus Herodot sieht man, dass die Sagartii an Hyrkanien, Parthien, Chorasmien gränzten; das heisst, wir müssen sie in nordwestlicher Richtung von Drangiana suchen. Da die Parther folgen, kann daran kaum ein Zweifel seyn. Herodot beschreibt sie an einer andern Stelle **) als ein Persisches Volk, mit Persicher Sprache, in Gebräuchen zwischen Persern und Paktyern. Da es Nomaden waren, ist es nicht zu wundern, wenn wir sie so weit von der Persis entfernt finden.

---

*) S. Burn. Y. Not. V.
**) VII. 84.

Eine bestimmte Nachricht giebt Ptolemaeus: orientalia vero Zagri montis Sagartii occupant; post quos extenditur usque Parthiam Choromithrene.

Wenn aber hier der eigentliche Hauptzug des Zagros verstanden wird, so kommen die Sagartii zu weit westlich, es muss also Zagros im weitern Sinne für die südöstlich streichenden Gebirge Mediens, an den Gränzen der Wüste und nahe den Caspischen Pforten stehen; denn hieher versetzt sie die Nähe Parthiens. An die Pässe des Zagros gegen Assyrien darf man sie gewiss nicht setzen.

Das nächste Wort: 𐎡 𐎤 𐎼 𐎫 𐎾 erfordert keine geographische Erklärung. Ueber das 𐎤 und wie es hier von den Griechen durch ϑ gegeben werden konnte, ist oben gesprochen *); die Indier die den Laut ϑ nicht hatten, haben dafür d gesetzt in pârada. Ich lese parçaw^a, es ist ein Nom. Plur. ohne s, wie da^{n}ghâwa, wovon oben. Die älteren Griechen sagen Πάρϑοι **); aus der Macedonischen Zeit haben wir aber eine Form, worin das u enthalten ist: Παρϑναίοι ***); und ein beinahe einheimischer Schriftsteller giebt uns unser Wort in einer Zusammenseztung: Σαυλώη Παρϑαννίσα, fast ohne Abweichung. Isidor. p. 7.

Herodot's 16te Satrapie †) wird in der In-

*) S. S. 79.
**) Hecat. ed. Klaus. p. 93. Herod. III. 93.
***) Arr. III. 28. etc.
†) III. 93.

schrift nach den einzelnen Völkern, Parther, Chorasmier, ˘Sogder und Arier aufgeführt.

Es folgt: 𐎠 𐎫 𐎲 𐎴

Das erste ist ein z, welches ich auf den oft
vorkommenden Namen âurᵃmᵃzdâ gründe. A. 22.
H. 17 etc. Ich lese daher zᵃrᵃk. Da ich nun
nachher aidusʿ für Indien, gᵃdâr für Gandarier,
finde, schliesse ich, dass die Sprache den Nasal
wirklich ausliess vor gewissen Consonanten, weil
die Hebräer gewiss nach den Persern hoddu für
Indien schreiben und Isidorus von Charax Γάδαρ
giebt *). Ebenso haben wir hier zᵃrᵃk für za-
rank, wie bei Arrian III. 25. VI. 27. Ζαράγγοι, Ζαραγγαίοι, in frühern Ausgaben stand; was
nicht so ohne weiteres in Δράγγαι zu verwandeln ist.

Denn obwohl es nicht zu bezweifeln ist, dass
Dranga und Zaranga dasselbe Wort nach zwei
verschiedenen Aussprachen ist, die mit dr Altpersisch, die mit zar Altbaktrisch, und dass dieses
Wort See, Zd. zarayan͂gh, bedeutet, also die
Umwohner des Sees zareh; so zeigt unsere Inschrift deutlich, dass diese Namen je nach der
verschiedenen Mundart zwei verschiedene Abtheilungen desselben Volkes bezeichneten. Die zᵃrᵃk
stehen zwischen Aria und Parthia, also mehr gegen Norden; die drhᵃn͂ghâ sogleich nach den
Uxiern; also doch wohl die ersten, die nach der

---

*) p. 7. Wenn Josephus (Ges. Thes. p. 308.) die Bactria-
ner von Gether ableitete, dachte er an Gadar.

Durchreise der grossen Wüste von Westen her
sich zunächst darboten. Diese Unterscheidung
stimmt mit der schon von Mannert *) getroffe-
nen, dass die Zaranger die nördlichsten Drangae sind. Strabo theilt Drangiana gerade in zwei
Theile, wie hier die Namen zwei Abtheilungen
des Volkes unterscheiden: Συντελὴς δ' ἦν αὐτῇ
(Ariae) καὶ ἡ Δραγγιανὴ μέχρι Καρμανίας, τὸ μὲν
πλέον τοῖς νοτίοις μέρεσι τῶν ὀρῶν περιπεπτωκυῖα,
ἔχουσα μέντοι τινὰ τῶν μερῶν καὶ τοῖς ἀρκτικοῖς
πλησιάζοντα τοῖς κατὰ τὴν 'Αρίαν. Also nordwärts
vom Gebirge über dem Zareh die Zarangae, süd-
wärts die Drangae um den See herum.

Herodot unterscheidet sie nicht, sondern seine
14te Satrapie enthält beide Abtheilungen der Drangae unter demselben Namen und umfasst das neuere
Sedgistan und Kohistan bis nach Taberistan hin,
hat auf der einen Seite die grosse Wüste, auf der
andern Parthia und Aria.

Die Drangae sind in der Inschrift zuerst erwähnt, weil sie gleichsam eine gegen den Westen
vorgeschobene Oase inne hatten und mit ihrem
Landsee einzeln ausgezeichnet waren, wie kein
anderes Volk der östlichen Monarchie. Sie grif-
fen gleichsam aus der einen Hälfte in die andere hinüber und leiten so die folgenden Völker ein, wie die Uxier die Reihe der frühern be-
schliessen.

Es ist merkwürdig, dass die Inschrift sowohl

---

*) V. 3. 69.

die Hyrkanier übergeht, als alle Völker der 13ten Satrapie: Caspii, Pausicae, Pantimathi und Daritae.

Das nächste ist: ⟨≻⟨ ⧹ ⧹ ⧹ ⧹ Aria.

Die Zendform ist harôyu *), womit Hr. Burnouf sehr glücklich das Indische Sarayu verglichen hat. Das h wird im Altp. im Anfange ausgelassen, so sogleich in Arachosia und India, wo das Zend beide Male h hat. Das ô kommt auf Rechnung des Zends, und es bleibt demnach harayu mit unserer Form zu vergleichen. Ich lese demnach arya^wa oder ar^ay^awa, ein Nom. Plur. wie par^çawa, daⁿghâwa, das Thema muss ar^ayu oder aryu seyn; das Zend leitet auf ar^ayu, doch kann dieser kurze Vocal im Altp. gefehlt haben.

Herodot giebt Ἄρειοι III. 93. ohne Variante, so auch Arrian und für das Land Ἀρεία, wie der hier wohlbewanderte Isidor **). Aeschylos auch Ἄρειοι. Sowohl arayu als aryu würden damit stimmen, am besten jedoch arayu.

Dass ich ⧹, i, auch für den Halbvocal y nehme, werde ich später zu rechtfertigen suchen.

Dieses Aria, Herat, hat also keinen Zusammenhang mit der Stammsylbe âr in ârya, âirya, dem ältesten historischen Namen der Sanskritredenden und Iranischen Völker und ist auch etymologisch zu trennen von Ariana, dem Land

---

*) Burn. Y. Not. CII.
**) p. 8.

zwischen dem Indus, dem Meere, dem Paropamisus und dem östlichen Gebirge der Persisch-Me-
dischen Gränzen *).

Es ist ein Irrthum, den ich mit andern ge-
theilt habe, und für dieses Volk ist immer Ἄρειοι
im Herodot zu schreiben, Ἄριοι für den ursprünglichen Namen der Meder.

≍𝐘 ⅏ ⟪𝐘𝐘 ≍𝐘𝐰 ≩𝐘 ⅏ ⟨⟨ ⟍ bâk'tris'. Bactria.

Porter giebt von b nur 𝐘, Niebuhr vollständig ≍𝐘.

Wir haben hier die Form, woraus die Alten
Bactria, Bactrianus, gebildet haben. Die Zendform bâkdî enthält eine andere Ableitung, aber
dieselbe Wurzel. Auch haben wir hier ein kurzes i, mit der Endung des Nominativs sʹ, im Zd.
wird das s wohl fehlen, wie beim Faem. auf î. Ich
kann hier auf Burnouf's Untersuchungen verwei-
sen, die Schwierigkeiten berühren **), worauf ich
hier nicht einzugehen habe. Doch will ich Herodot
von einem Fehler befreien, der dem vortreffli-
chen Rennel viel Kopfbrechens verursacht hat.
Man schreibe III. 92. nach der Variante Λίγδων:
ἀπὸ Βακτριανῶν δὲ μέχρι Σόγδων — und alle
Untersuchungen über das unerhörte Ἀιγλῶν werden überflüssig.

In dem folgenden ⎮≣ ⟨⅏ ⟨≣⁻ ⅏ ⟍ çug'd,
Sogd, Sogdiana, hat Porter das gʹ auf ⟨≣ redu-

---

cirt. Es ist wieder ein consonantischer Nominativ ohne s. Im Zend çug'd'ò *).

⟨𝕥 ⊢⊦ 𝕞 ⊟ ⊦⊦ ⊩⊏ 𝕟 ⊩⊢ ⟍

Nachdem, was ich oben über ⊩⊏ gesagt, bleibt mir nichts, als bis auf weitere Aufklärung dafür m zu setzen. Das ⊢⊦ welches am Ende einer Zeile steht, hat Porter übergangen. Am Ende des Wortes setzt Niebuhr für ⊩⊢ nur ⊦, während Porter vollständig ⊩⊢ giebt. Es mag daher seyn, dass dem Worte eine andere Endung zukommt, als die eines Nom. Masc. auf i a.

Ich habe schon oben bemerkt **), dass w in der Altp. Bezeichnung des Zend q vorkommt, d. h. des aus s v entstandenen h v, welches durch ein einziges Zeichen: q ausgedrückt wird. Die Altpersiche Bezeichnung drückt aber eine weniger adspirirte Aussprache aus, das h verschwindet vor dem w und nimmt dessen Natur an, es wird ein u. Es ist das Althochdeutsche adspirirte w, welches u v ist ***), so wie das Englische w oft u v gesprochen wird von Fremden. Im Neupersischen خو ist das v gewiss ursprünglich auch überall gesprochen worden, obwohl hier der Hauch über den Lippenlaut vorwaltet. Der leichtern Vergleichung mit dem Zend wegen schreibe ich q. qârazʾmiᵃh giebt uns ganz die Form der Alten:

---

*) Y. Not. LVI.
**) S. S. 38.
***) Diez, Gram. der rom. Sprache. I. 293.

Χορασμία, — μιοι *). Hiernach könnte man
schliessen, 𐏐 habe blos m gelautet; die Zendform ist aber mit einem ĕ zwischen z und m versehen: qâirizĕm **), welches sich nach der Declination von zĕm = zâ richten wird. Die Altp.
Form scheint aber die Ableitung auf ia die sich
im Griech. findet, wirklich gehabt zu haben.

Im folgenden Worte hat Porter von dem an-
fangenden 𐏐 nur noch 𐎹. Nach dem gˊ ist in
beiden Abschriften eine Lücke für einen Buchstaben; ich vermuthe dafür, wie mir scheint, ganz
sicher, ein 𐎻 und schreibe 𐎹 𐎴𐎡 𐎿 𐎻 𐎷
𐎰 𐎠 ςataˣgˊadus.

Herodots 7te Satrapie umfasst die Sattagyden, Gandarii, Dadicae und Aparytae. Es
folgt in der Inschrift nach den Sattagyden, Arachosien und dieses wird uns helfen, die Lage des
Volkes zu bestimmen.

Unsere Inschrift geht zuerst am östlichen
Rande der Wüste aufwärts bis Parthien, erwähnt
dann der daran stossenden, aber etwas östlicher, also
von Persepolis entfernter gelegenen Zaranger, und
Areier; dann der sich immer mehr gegen Norden
entfernenden Baktrier, Sogder, Chorasmier. Hier ist
aber der Zug gegen Norden geschlossen, und es
fängt gleichsam ein neuer Meridian an, auf dem
wir die Sattagyden und das zunächst folgende
Arachosien zu suchen haben. Da das letzte deut-

---

* Hecat. p. 93. Klaus. Her. III. 93.
**) Burn. Yaç. Not. CVIII.

lich ist, so scheint der Rückweg von Norden nach
Süden längs dem Merû-rûd, dem Margus, hinter
Areia, Herat, nach dem Gebirge Paropamisus zu
führen, an dessen Südseite erst Arachosien liegt.
Es ist jetzt das Revier der Eiṃaks und Hezarehs.
Herodot erwähnt der Paropamisaden nicht namentlich: die Völker, die er erwähnt, Sattagyden,
Gandarier, Aparyter und Dadicae können aber
nicht gut anderswo hingestellt werden. Nach Bestimmung der übrigen Satrapien bei Herodot, so
wie der übrigen Völker in der Inschrift, bleiben
uns in der That nur Margiana und der Paropamisus übrig.

Es fragt sich nur, ob keine näheren Andeutungen ihnen eine dieser Lage zuschreiben.

Rennel stellt diese ganze Satrapie in das nachherige Margiana, das môuru (Maru) des Zendavesta, sich stützend auf die Vergleichung von
Gandarii mit Isidors Γάδαρ und die von den Aparyten mit Isidors Apavarctica *).

Dass Gadar dasselbe Wort ist als Gandarii,
bezweifele ich nicht; unsere Inschrift sagt auch
gadâr, stellt aber dieses Volk östlicher, wenn, was
das bisherige zu bestätigen scheint, wirklich eine
geographische Anordnung bei der Aufzählung statt
findet.

Apavarctica stellt Isidor zwischen Margiana
und Parthyene, er nennt die Stadt darin Ῥα-
γαῦ. Da sein Gadar nur 6 Schöni von Nisaea

*) p. 295.

oder Sauloê Parthaunisa liegt, so kommen sie
nahe genug an einander, um zu einer Satrapie
zu gehören. Nun ist aber der Name Aparytae
nicht sehr deutlich identisch mit Apavarctica,
und dieses ist gewiss ein Name der spätern
Zeit für eine Provinz des Parthischen Reiches.
Auch kann Gadar, obwohl etymologisch derselbe Name, als Gandarii, bei Isidor aber der
einer Stadt, ebenso wohl als der Völkername weiter in andere Gegenden gewandert seyn. Ja,
von jenem Städtenamen aus bis in den Penjab
hinab haben die Gandarer Spuren ihres Namens
hinterlassen, und Kandahar ist eine Zwischenstation
zwischen Isidors Gadar und dem Γάνδαρα, Ἰνδῶν
ἔϑνος des Hecataeus *). Weil nun aber Hecataeus
die Gandarer am Indus meinen muss, wie gleich
sich zeigen wird, so müssen die Herodotischen
ebenso östlich gesucht werden; denn Herodot hat
in diesen Dingen seinem Vorgänger vieles entnommen. Wir müssen also geographisch unsere,
Herodots und Hecataeus Gandarer von der Stadt
Gadar des Isidors trennen.

Da nun aber die Gandarier des Herodots
in die Nähe des Indus gesetzt werden müssen **),

---

*) p. 94. Pentap. Ind. p. 15.
**) Die Gründe sind folgende. Alexander fand Gandarer
am Choaspes und Cophen. Strabo XV. §. 26. Also
in der Nähe Peschawers. Gerade hier finden wir schon
in der Zeit kurz nach unserer Inschrift dasselbe Volk.
Κασπάπυρος, πόλις Γανδαρικὴ. Hecataeus bei Steph.

so scheint die wahrscheinlichste Annahme die,
dass die drei übrigen Völker ebenso zwischen

Byz. Kaschmir, bei den Indiern ursprünglich: K à_
cyapapura, ist unverkennbar bezeichnet, und wird
demnach eine Stadt der Gandarer genannt, sie wohn_
ten also in der Nähe, d. h. unter Kaschmir an der
Westseite des Indus. Bei Herodot ist ein alter Feh_
ler in Kaspatyrus, welches er zweimal, als Stadt, mit
dem Lande Paktyika verbindet. III. 102. IV. 44. Wenn
die Paktyer derselben Satrapie als die Armenier,
wirklich angehörten, Siehe oben S. 83., so ist dieses
nur aus der Zusammenstellung entfernter Völker zu
erklären, die Herodot selbst erwähnt. III. 89. und
giebt keinen geographischen Bestimmungsgrund ab.
Die Paktyer wohnten unbezweifelt an einem westli_
chen Zuflusse des Indus, etwa am Kabulflusse. Die
obige Lage giebt den Gandarern auch eine Stelle des
Periplus des rothen Meeres, wenn die von Vincent
und andern vorgeschlagenen Verbesserungen zugelas_
sen werden. S. 27. heisst es: über Barygaza liegen
im innern Lande die Völker τῶν Ἀρατρίων, καὶ Ἀρα_
χούσων (für Ῥαχ.) καὶ Γανθαραίων (f. Τανθαράγων)
καὶ τῆς Ποκλαΐδος (für Προκλίδος). Also ein Landweg
von Barygaza durch das Land der Arattas im Penjab
(de Pent. Ind. p. 23.), der Arachosier, Gandarer
nach der Peukolaïtis. Strabo XV. Ind. §. 27. setzt
dieses gerade nach dem heutigen Pukheli und der In_
dische Name Puśkalavati ist darin unverkennbar.
Die Gandarer sind auch hier in der oben bestimmten
Lage, am Indus, am Eingange zum Bergthale Kasch_
mirs, und natürlich nördlich von Arachosien. —
Der Ausdruck Herodot's Σατταγύδαι δὲ, καὶ Γανδά_
ριοι, καὶ Δαδίκαι τε καὶ Ἀπαρύται, ἐς τ ω ϋ τ ὸ τε_

Arachosien südlich und Bactriana nördlich gesucht werden müssen. Ich glaube, dass Margiana zu einer der benachbarten Satrapien gehört
habe, und dass Herodots 7te Satrapie eher in
dem paropamisadischen Gebirge und von da bis
an den Indus zu suchen sey, nebst den ζ a t a g ʿa -
d u sʿ der Inschrift.

⟨≍⟨ ≡⟨ ⟨ϔ ⊷⫦≣ ≣⫦⫦ ϔ ⫫ ⟍   araqatisʿ.

ταγμένοι, führt auf Zusammenstellung weiter aus einander wohnender Völker. Wenn, wie ich vermuthe,
die Aparyter das sonst Paryetae genannte Bergvolk
ist, können sie an der Westgränze dieser Satrapie ge-
sessen haben; der Name ist aber unbestimmt und all-
gemein; die Gandarer, die bis an den Indus nach
Kaschmir hinreichten, bilden den östlichsten Theil der
7ten Satrapie, die von Kandahar nach Peschawer sich
erstreckt haben wird; die Sattagyden werden die
mittlere Region des Paropamisus eingenommen haben.
Die von Wilson aufgestellten Vermuthungen sind
schwerlich zu billigen. History of Cashmir. As. Res.
XV. 104. Ueber die Dadiker weiss ich nichts beizu-
bringen.

Die Indischen Gandarer waren ein weiter gewan-
derter Stamm desselben Volkes und bezeichnen nur
den Weg, den vor ihnen die Sanskritredenden Indier,
nach ihnen die Saker, Hunnen, Afghanen und andere,
nach Indien eingeschlagen haben. Zu dieser alten
Einwanderung gehören auch die Bahlikas, d. h. Baktrier, im Penjab, Pent. Ind. p. 21. und die Sogder
am Indus, Arr. VI, 15. Vielleicht auch, wie Wilson vermuthet, der im Epos der Indier gefeierte Name
der Pandavas. A. a. O. p. 95.

Es bleibt das Γάδαρ des Isidorus, welches geo-

Arachosien heisst im Zend haraqaiti *); es weicht also nur das epenthetische i, die Endung ohne s und das Fehlen des h im Zend ab.

⟨≍⟨ ᾗ ⟨Ξ⟩ ⟨ᾗ ≪ ⟍ ai d'us'; Indien.

Nach dem zweiten Zeichen hat Niebuhr eine kleine Verstümmelung angegeben; Porter giebt nichts dergleichen an und es ist kein Grund zu glauben, dass durch die Verwitterung ein Buchstabe getroffen worden ist.

⟨Ξ⟩ kann nur ein dᶜ seyn, auch haben die Indier selbst das dᶜ in dem entsprechenden Namen. Z. 23. kommt das Zeichen wieder vor und lässt sich dort ebenso lesen, dᵃqisᶜtᵃ, wahrscheinlich das Zendische danͫghiçta, der weiseste. Das im Zd. hèn̐du **) ohne dᶜ geschrieben wird, scheint an dem n zu liegen.

Welches Indien hier gemeint ist, ist leicht zu bestimmen, es ist das Volk der Sâindavas, der Anwohner des Indus, zunächst die an Arachosien gränzenden, von denen das der Sudraker oder Oxydraker Kriegsdienste bei den Persern nahm ***).

---

graphisch von den Gandaren in Cabul und denen im Penjab zu trennen ist. Dieses scheint sich wiederzufinden in den Candari des Plinius. H. N. VI, 18. Chorasmii, Candari, Paricani, Sarangae. Diese letzteren sind fälschlich mit den Zarangern zusammengestellt und waren ein Skythisches Volk, wogegen Plinius ganz, wie seine ältern Quellen, unterscheidet: VI, 25. Drangae, Evergetae, Zarangae.

*) Y. Not. XCII.
**) Y. Not. CXIII.
***) De Pentap. Ind. p. 25.

Es ist der Name, wie er in unserer Inschrift steht, gewiss abzuleiten von dem Namen des Flusses Indus, Sind'us, in einer gunirten Form (Saind'u), nach Persischer Sprache ohne h und n: aid'u. In der Zd. Form ist er der allgemeine des ganzen Landes geworden *).

⟨⫫⊢ ⫶⫶ ⫶⫶⫶ ⊟⫯ ⟍ gadâr; die Gandarier.

Nach der Erwähnung der Indier wendet sich die Aufzählung wieder aufwärts gegen Norden und setzt zuerst die Gandarier, die also deutlich die an Indien gränzenden sind. Von da an geht sie gleichsam über die Gränzen des Reichs hinaus zu den herumziehenden Horden der Skythen.

⫰ ⫰ ⫶⫶⫶ ⟍ çakâ, die Sakae.

Es ist bekannt, dass dieses der allgemeine Persische und Sanskrit Name der nomadischen Reutervölker ist **). Es sind wohl hier die im Xerxes Heere mitziehenden, die eigentlich die 'Αμυργίοι hiessen.

Wenn Herodot die Sakae mit den Caspii in der 15ten Satrapie zusammenstellt, so ist dieses wohl nicht geographisch, sondern blos von der Steuerrolle zu verstehen. Denn die Sakae wohnten über Bactriana hinaus. Derselbe Fall scheint gleich darauf einzutreten. ⊢⫶⫶ ⫰ ⟍ mak, muss noch ein Völkername seyn, und auch dieser findet sich bei Herodot, wenn man in der 14ten Satrapie für die Μύκων die Lesart der ältern Handschrif-

---

*) De Pent. Ind. p. 7.
**) Herod. VII. 64.

ten wieder herstellt und Μέκων liest. Auch Plinius erwähnt die Maci am Caucasus in der Nähe
Bactrianas *). Nach der Inschrift müssen wir sie
über die Sakae hinaus, nach Tocharestan und Ba-
dakhschan hinaus versetzen; Plinius ist unbestimmt
und der Caucasus (doch wohl der Indische) hat
eine weite Ausdehnung; Herodots Zusammenstellung der Sagartier, Thamanäer, Sarangäer, Utier,
Meker ist gewiss nur eine finanzielle, da mit
ihnen die Inselbewohner des rothen Meeres aufgezählt werden. Dass Wort selbst hat in seiner
Einsylbigkeit schon einen sehr Skythischen An-
strich.

Wir können jetzt zum Anfange zurückkehren
und den einzigen noch übrigen Namen erklären: ⟨𝕥𝕥
▶𝄐 ▶𝄘 ⟍. Das letzte Zeichen ist uns unbekannt.
Grotefend hat dafür n͞g; ich kenne seine Gründe
nicht, aber halte es allerdings auch für einen
Nasal und zwar für das Zendische n͞. Vielleicht
ist sein Gebrauch jedoch im Altp. ein anderer,
was nicht zu bestimmen ist, weil es nur noch ein
einziges Mal und das unsicher vorkommt. Das
Land hier muss dasselbe seyn, als das von Ptolemaeus erwähnte Χόανα in der Nähe von Rhagae
und wahrscheinlich die ältere Benennung für Rhagiana. Unser Wort liest sich qwan͞; das Xo ist
= qwa, wie in Chorasmien, das n͞ = ν. Das
letzte α ist nur Griechische Endung. Ob dieses
▶𝄘 ein blos finales sey? Weitere Beispiele kön-

---

*) VI. 25.

dieses erst zeigen. Dass ich nicht q ᵃ n̄ ᵃ lese, gründe ich auf Stephan von Byzanz: Χαύων, χώρα τῆς Μηδίας. Er hatte wohl das Wort aus Ctesias, der von der Semiramis erzählte *), sie sey aufgebrochen εἰς Χαύονα. Andere Handschriften geben Χάονα, Χάωνα; doch wird Χαύονα wohl den Vorzug verdienen, das Χαυ ist für q w ᵃ.

Die Aufzählung fängt also vom nordöstlichen Medien an, von Rhagä, und erwähnt dann erst das eigentliche Medien.

Aus der Vergleichung mit dem Herodotischen Verzeichniss der Satrapien wird es klar geworden seyn, dass wir hier eine Aufzählung nach einem andern Sytem haben und zwar zunächst nach einem geographischen, welches vom Centrum der Monarchie ausgehend, den Iranischen Theil derselben im weitesten Sinne umfasst, zuerst was westlich von der grossen Salzwüste, dann was östlich davon lag. Warum einige Völker, die dabei übergangen zu seyn scheinen, es sind, erklärt sich vielleicht aus der Benennung der guten Völker oder aus der Erwähnung des Feuerdienstes (Z. 3. 9.). Es sind sieben oder vielleicht acht und zwanzig Namen aus der Zahl von 120, die Daniel **) den Statthaltern ***) des Darius giebt.

---

*) Diod II. 13. Cts. Rell. ed. Baehr. p. 407.
**) VI. 1.
***) Satrap ist ohne Zweifel zu erklären aus dem Zendischen s̓ôit̓rapaitis, in einer kürzern Form s̓ôit̓rapâ; für das ôi wird das Altpersische einen andern Diphthong, etwa ai gesetzt haben.

Andere Inschriften werden die übrigen Namen
enthalten haben.

Doch diese Untersuchung wäre hier voreilig;
wir müssen uns noch weiter nach den Buchstaben,
die uns dunkel sind, umsehen. Vorerst wollen wir aber zusammenfassen, was uns bisher
sich enthüllt hat, wir werden dadurch das noch
unbekannte in einen so engen Kreis einschlies-
sen, dass uns seine Deutung sehr erleichtert werden wird. Als Vergleichungs - Punct nehme ich
das Zend - Alphabet, welches uns am sichersten
dabei leiten wird, wenn wir es mit der nöthigen
Vorsicht gebrauchen. Ich fange mit den Consonanten an.

§. 5. Consonanten.

Die gutturale Reihe ist vollständig gefunden und hat gerade dieselben Buchstaben, wie im
Zend: k, kʿ, q, g, gʿ, ᚕ, ᚕ, ᚕᚕ, ᚕᚕ,
ᚕ, vielleicht auch ᚕ, wenn es dasselbe ist;
auch entsprechen sich diese Buchstaben in ihrem Gebrauche, so weit wir schon dieses beurtheilen können; namentlich steht das q, wie
das Zendische q, für älteres sv, lässt aber, wie es
scheint, nicht die andere Form h, mit Nasalirung
des vorhergehenden Vocals und Umstellung der
Elemente zu, es ist mit einem Worte sowohl im
Anfange, als in der Mitte q, und hat nicht die

Zendform n g u h a = n͠g h v a, so dass s v Altper.
immer q, nie h v a zu werden scheint *).

Von der palatalen Reihe hat das Zend nur
die nicht adspirirten k′ und g′, Skt. च und ज, Neupers. چ und ج. Ich glaube diese jetzt in der
Keilschrift nachweisen zu können.

I. Z. 9. steht ⪫𝐘 𝆐 ⪪⟨⪤ 𝅓 ⪫𝐘𝐘 ⟍ Lesen
wir das mittlere Zeichen g, haben wir b â g′i a m,
Skt. भाग्यं, b â g′y a m, zugetheiltes Loos, portio; daher impositum, tributum.

I. 19. 22. L. B. 11. steht als ein besonderes
Beiwort des Darius, ₁𝐘⟨⪢ ⪦𝐘𝐘 𝅓 𝐘⟨⪢. I. 22. ist
ein Strich verwischt ⪢𝐘𝐘, bei Niebuhr; bei Porter noch mehr. Die Form wird aber gesichert
durch die andern Stellen; ich untersuche später,
ob ⪢𝐘𝐘 dafür eine Variante seyn kann. Ist nun
dieses ein k′, so haben wir h a k′i a h, von der
Wurzel h a k′ **), bändigen, auch bekehren. h a-
k′a t′açpa, Pferdebändiger. u p a n͠g h a k a t. V. S.
119. bezwang. Also Darius der Bezwinger.

Im Verhältniss zu den Zendbuchstaben lässt
sich bis jetzt nur auf identischen Gebrauch
schliessen, denn auch das Zend würde b â g′y a
sagen.

Von den Dentalen haben wir ⪢𝐘𝐘, t; 𝆐⫶,
t′; 𝅓, d; ⟨⪢𝐘, d′; wie im Zend t, t′, d, d′. Das t′
haben wir wie im Zend, als Zusatz der Wurzeln

---

*) S. oben. S. 29. 88.
**) Yaç. p. 442.

gefunden und zwischen Vocalen *); d muss
weiter um sich gegriffen haben, als im Zend, da
es nicht nur im Anfange steht, sondern auch
zwischen den Vocalen in der Mitte, wo die Etymologie und die genauere Orthographie im Zd.
jede das d' erfordern würde, wie in âdªdâ H. 3.
von dâ, Skt. धा, d'â, wo im Zend âdªɑa stehen
würde. d' dagegen hat im Altp. auch seine Stelle
im Anfange, gegen den Gebrauch des Zends, in
d'aqis'ta I. 23. Aus diesem einzigen Beispiele
weiss ich jedoch kein Gesetz der Erscheinung
nachzuweisen. Ein abweichendes Lautgesetz wäre
es auch, wenn ich Recht habe, den Uebergang
des t' in ς zu behaupten **).

Das Zend hat noch ein t, welches final ist,
aber auch im Anfange vor k und b steht ***).
Ein ähnliches scheint auch die Keilschrift zu
haben.

Das öfters vorkommende Wort S o h n schreibt
sich 𒅊 ⟨𒅊 𒅊 ◥ I. 5. B. 5. G. 5 etc. Die Vergleichung mit b u n hat keine Bedeutung. Ieder wird
p ut'ra darin suchen. L. B. 14. steht das Wort
V a t e r, 𒅊 𒅊 𒅊 ◥. Man wird doch nicht pin
für den Vater lesen wollen. Es scheint, dass in
beiden Fällen nur ein Dentaler gesetzt werden
kann, ich schreibe dafür t', put', pit', obwohl
ich diese verkürzten Formen grammatisch nicht

---

*) S. oben S. 88.
**) S. oben S. 77. 79.
***) Burn. Y. alph. Zend. p. LXXIII.

erklären kann. Eine blosse Schreibverkürzung nur bei diesen Wörtern ist unwahrscheinlich. Ein anderes Beispiel des $\overline{\overline{W}}$ ist noch A. 25. H. 3. wo k's' vorhergeht; auch dieses führt auf t', da k's t ein erlaubter Wortanfang im Zd. ist; z. B. k's t û m, sextum. Medial ist das Zendische t nicht und hierin liegt eine Abweichung. Weiter kann ich dieses Zeichen noch nicht erläutern.

Von den Labialen haben wir $\overline{\overline{W}}$ und ᛩ, p, b, das letzte auch mit der Geltung des Sktschen b', gerade wie im Zend b *).

Das f hat Hr. Grotefend schon vermuthet in ᛚ; mit Recht, weil es vor r steht in dem Worte f r a m â t â r a m H. 3. 7. A. 6. L. B. 5. Die labiale Reihe stimmt also genau mit dem Zend.

Von den Nasalen sind ᛩᛚ und ᛜᛳ, m und n, ganz die Zendischen **). Das vor h im Zend stehende ñ g glauben wir auch in ᛜᛳ nachgewiesen zu haben ***); das Zend hat zwei Varietäten davon, diese werden in der Keilschrift kaum erwartet werden können. Der Figur nach wäre ᛜᛳ das Zendische ãn (ã) und ich vermuthe, dass die Keilschrift ihr ᛜᛳ auch für die Zwecke des Zendischen ãn gebrauchen würde, wenn das Bedürfniss sich einstellen sollte; aber dieses wird kaum der Fall seyn, da im Gegentheil das Altp.

---

*) S. oben S. 67. 116.
**) S. oben S. 45. 47.
***) S. oben S. 55.

sich zur Ausstossung der medialen Nasalen vor
Consonanten zu neigen scheint.

Wir haben dagegen in der Keilschrift ein
►⟨, ñ, gefunden, über dessen Gebrauch wir
jedoch nicht im Reinen sind. Ist es ein blos finales n, so kann es nicht das Zendische vor Consonanten, vorzüglich starken und nicht adspirirten,
vorkommende ñ seyn. Es wäre dann eher das
Zendische a͂n *).

Wie sich also in der Theorie der Nasalen
das Altpersische eigenthümlich gestaltete, sie wohl
reiner, aber weniger nuancirt behauptete, so ist
die Schrift auch nicht so mannichfaltig in ihren
Zeichen.

Es bleibt endlich das ⟨⟩, das, auf welche Art
es auch aufgefasst wird, ein m enthalten muss, und
höchstens in der Entstehung der Züge, nicht in
der grammatischen Geltung mit dem Zendischen
h m zu vergleichen ist **).

Es bleibt also auch wohl kein Nasal weiter
zu erwarten.

Von Sibilanten haben wir vier gefunden,
das Zend hat deren fünf. Das ⟨⟩, ç, ist auch
das Zendische ç, kommt wie dieses auch vor t
vor (çtâ H. 8. Zd. çtâ, Skt. stʻâ) im Anfange;
verwandelt ein folgendes v ebenso in p (açpa).
⟨⟩ haben wir mit dem sʻ verglichen, und dieses
wird sich wohl so bestätigen, obwohl es einen

---

*) S. oben S. 115.
**) S. oben S. 84.

andern Gebrauch hat, als das Zendische s‘, nämlich am Ende nach i und u, au, wo das Zend s
hat; auch im medialen s‘t, wo das Zend eher çt,
schwerlich s‘t, gewöhnlich st, schreibt; dieser Gebrauch nähert es etwas dem Sanskritischen s‘; dann
vor n, wo ç zu erwarten, w a s‘n â. Dass es nicht
s sey, leuchtet daraus ein, dass im Anfange 𝕶
steht (s‘i h â t i s‘ I. 23.), während s sich in h ver-
verwandelt (h a k‘i a h). Wäre ➤《 ein s, wäre also
initiales s vor Vocalen zulässig, so wäre sᵘk‘iᵃh,
nicht hᵃkiᵃh zu erwarten. Es spricht, wie schon
oben gesagt, auch das Vorkommen von 𝕶 nach k‘
für die Geltung als s‘.

Das ursprüngliche s, welches schon im Zend
in h oder s‘ übergeht, wo es nicht durch das
Wort-Ende (paçus, âfrîtis) oder durch einen
Consonanten geschützt wird (initial k, auch y,
medial vorzüglich t), wird auch im Altp. eine enge
Sphäre gehabt haben. Wir haben auch noch
kein Zeichen dafür gefunden, obwohl es nicht
gefehlt haben wird, und andere Inschriften es
ohne Zweifel geben werden. Seine Verwandlun-
gen in s‘ und h, haben wir oben berührt, so wie
die des s v *).

Endlich haben wir die beiden medias der
Sibilanten ς und z in 𝄙𝄙 und 𝄙»𝄙 wiedergefun-
den **).

Wir haben das h oder 𝄙<➤ oben so weit er-

*) S. oben S. 32. 88.
**) S. oben S. 71.

läutert, als wir es vermochten, es ist im Ganzen das Zendische, obwohl es nicht ganz dieselben Gesetze hat. Wir haben es nämlich als blosses Adspirations-Zeichen gefunden, wo es nicht mit dieser Geltung im Zend stehen würde, ebenso als Vocal-Zeichen oder Andeuter einer Vocalisation vor dem folgenden Consonanten *). Dieses hängt mit der Vocal-Bezeichnung dieser Schrift zusammen, die durchaus vom Zend abweicht. Dann steht es am Ende nach a, wo das Zend das Pråkrit-Gesetz befolgt und ô bildet. Im Anfange endlich fehlt es in einigen Fällen, wo auch ein ursprüngliches s war. In Namen (aid̕us, araqatis), die fremd her einwanderten, beweist die Weglassung nur die Abneigung der Sprache gegen anfangendes h, welches ihr nicht wurzelhaft erschien. In ha-k̕iah hatte es sich aber mit der Sprache selbst entwickelt und war für ursprüngliches s befestigt. Vor u scheint es aber zu schwinden; woraus dem u eine Behauchung zuzukommen scheint, die ihm eigen ist. Denn es wird âura, für Zd. ahura-âhura geschrieben, umartihâ H. 9. Zd. humĕrĕ- und uw in der Schrift hat die Geltung von hẇ = q in der Sprache **). In einem Falle glauben wir es für Skt. h gefunden zu haben, in iha, S. 30.

Halbvocale. Ɜ ist r, wie im Zend, und auch im Altp. fehlt l ***). Für v haben wir zwei

---

*) S. oben S. 32. 59.
**) S. oben S. 107.
***) S. oben S. 67. 70.

Zeichen gefunden; eines initial, ⚓, in Wörtern, wo im Zend v steht; ein anderes ►⊩Ξ sowohl initial als medial und zwar, wo im Zend auch v stehen würde, wie wᵃsᶜnâ, Zd. vaçnà *) daⁿg͠hàwa = Zd. daⁿg͠hâvô. Nach Censonanten sind keine entscheidende Beispiele von w, so wie keine, dass es wie das Zendische = bᶜ = ϫ sey. Es scheint also, dass sich beide labiale Halbvocale anders als im Zend unterscheiden und w den behauchtern Ton zu haben, während v bis jetzt nur vor dem weichern i steht. Ob v medial auch vor i steht, muss die Zukunft lehren; ob es medial eine andere Form annehme, als das Zendische v, werden wir sogleich untersuchen.

Ich habe in den Fällen, wo ich glaube ⚓ als Halbvocal fassen zu müssen, oft ein y gesetzt; das Zeichen verändert sich aber nicht. Aus der Bemerkung, dass das s der Nominative sich nach einigen i in sᶜ, nach andern in h verwandelt, geht sattsam hervor, dass einige als iᵃh zu lesen sind, mithin dass mediales i auch = y sey. Also steht für den Halbvocal in der Mitte der Vocal, wie im Zd. ii = y. Hievon sogleich mehr. Ob nun initial ein besonderes Zeichen für y vorkomme, wie ich vermuthe, muss die Zukunft auch lehren. Neben s scheint dieses aber der einzige Consonant, für den wir noch den Charakter in andern Inschriften zu erwarten haben.

---

*) Dass es nicht u sey, geht sehr deutlich aus psᶜuwasᶜna A. 10. L. B. 7. hervor.

Betrachten wir aber die Reihen der Consonanten ihrer Anzahl und grammatischen Geltung
nach, so zeigt sich eine durchgreifende Verwandtschaft mit dem Zend, die das innerste Lautsystem
der Sprache regelt, ohne deshalb einzelne Abwei-
chungen auszuschliessen. Kommen wir zu den
Vocalen, finden, wir eine weit grössere Verschiedenheit. Sind die Consonanten der Leib, die Vocale die Seele der Sprachen, so beseelt ein sehr
verschiedener Geist im Altpersischen und Zend
zwei beinahe identische Körper.

§. 6. Vocale.

Die Vocalzeichen, die wir bisher behandelt haben, waren ⟨≍⟨, als initiales a, 𝍐𝍐, langes â, 𝍐𝍐, i, ⟨𝍐𝍐, u, so wie wir gesucht haben zu
zeigen, dass der Laut a im Innern der Wörter
nicht ausdrücklich geschrieben, sondern dass dem
Lesenden seine Einschaltung überlassen blieb *). Bis
auf den Umstand, dass i und u sich nach Sans-
kritischer Regel kurz erhalten, wo das Zend sie
mitunter verlängert, stimmt auch die grammatische Erscheinung jener Laute mit ihrer Zendischen
Geltung überein.

Da nun aber, um zuerst davon zu reden, a
von â in der Schrift unterschieden wird, so lässt
sich ein ähnliches von i und u erwarten.

---

*) S. oben S. 49 — 60.

Es findet sich ein Zeichen, welches mit i grosse Aehnlichkeit hat, davon aber bei Niebuhr immer unterschieden wird, 𝕎. Nur Porter hat einmal H. 9. ein 𝕎 für Niebuhr's 𝕎 gesetzt, wohl aus Versehen. Ist dieses nun ein i, so muss es ein langes seyn und diese Bedeutung passt, so viel ich finden kann, wirklich. B. 6. steht dann imam. tîrᵃm. tîra im Skt. bedeutet eigentlich Furth, daher Ufer, von tri, durchgehen. tîra als Durchgang, Pforte, gefasst, ist eben die in jener Stelle geforderte Bedeutung. 𝕎 findet sich beständig in dem Worte ⟨⊱⟨ 𝕎 𝕎 ⟍ H. 11. 16. I. 9. 20. also nach a, vor â und wird da wohl als Halbvocal gelesen werden müssen. ayâ, Accus. ayâm, hat kein Bedenken als Wortform, nur die Bedeutung scheint nicht ganz sicher. Vielleicht führt das Skt. aya, Glück, darauf. In den Stellen, wo es vorkommt, wird die Bedeutung: Verehrung, Huldigung, erwartet.

Endlich steht 𝕎 in zwei Wörtern vor 𝕎. I. 23. L. B. 14.

Hier muss es wieder Vocal seyn. aqîyᵃh. âwᵃsîyᵃh. Auch hier scheint das lange î annehmbar; îya ist ein bekanntes Affix im Skt.

Scheinen nun i und î als Vocale in der Schrift geschieden, so fragt es sich, wie der Gebrauch beider Zeichen als Halbvocal sich unterscheidet? Das Zend giebt hier keine Aufklärung, da es nur das i in seiner Verdoppelung als y in dem Inlaute gebraucht. Es scheint ein feiner Unterschied der Aussprache zu seyn. In der That, in âpiᵃb A.

13. hak'iah I. 19. wie in îiᵃh = îyᵃh schwebt der Halbvocal zwischen dieser Geltung und der eines Vocals; er verschwindet gleichsam in dem vorhergehenden î und wird ihm gleich, und âpyᵃh gränzt an âpïᵃh. In ayâ ist dagegen die consonantische Natur entschieden und daher wird zu diesem Zweck das längere î gebraucht.

Das anlautende y habe ich schon als das zweite noch fehlende Schriftzeichen hingestellt.

Es findet sich ebenso neben ⟨ᾗ ein ⟨ᾗ, welches sich als eine andere Art des u d. h. û ankündigt. Doch ist dieses zweifelhaft. I. 20. ist die Stelle vor ⟨ᾗ schadhaft und vielleicht ⪦ ᾗ zu lesen. L. B. 1. steht ⪦ᷠ ⟨ᾗ ⟨ᾗ ⊢ᾟᷠ ⪦. Wenn hier auf Le Brun zu bauen wäre, so müsste ⟨ᾗ als v gelesen werden (buvᵃm, Skt b'uvam, die Erde; die Bedeutung ist sicher). ⟨ᾗ́ wäre also mediales v, nämlich das schwächere v, welches sich hier nur aus dem vorhergehenden u entwickelt und die einsylbige Aussprache bum verhindert. Wir werden also allerdings hier auf den Unterschied von v und w wieder zurückgeführt. Es folgt aber hieraus nicht, dass ⟨ᾗ für û stehen könne; wie dieses bezeichnet wird, kann ich nicht nachweisen.

Der Skt. Vocal ऋ, der im Zend ĕrĕ geschrieben wird, findet sich in den Inschriften nur in der gunirten Form; wie er nicht gunirt geschrieben wird, ist also noch zu entdecken.

Gehen wir bei den Diphthongen von den einfachen Grundsätzen des Skts. aus, so bilden i und u als zweite Elemente eines Doppelvocals mit a das a i = ê, und das a u = ô, mit â, ebenso â i und â u. Das Devanagari hat dafür besondere Zeichen.

In der Keilschrift haben wir a u gefunden, wo es Sanskritisches ô gilt; so finden wir auch a i (a i ʿu sʿ), wo es Sktsches ê gilt. Ebenso lässt sich a us ʿa d a h H. 3. betrachten.

Ein anderer Fall, wo a i = ê nach dem Sanskrit zu erwarten wäre, ist t h i sʿâ m. Ist 𒆠 𒅆 die Form des medialen a i? Doch wie auch diese Orthographie erklärt werde, so geht doch daraus hervor, dass ê und ô als Sktsches a i und a u durch Zusammenstellung, nicht durch besondere Charactere bezeichnet werden.

Dasselbe scheint nun auch auf die Reihe â i und â u zu passen. Da ⊢𒌁 sich überall als Halbvocal zeigt, dürfen wir nicht in 𒅆 ⊢𒌁 einen Diphthong â u suchen, sondern das w ist als Halbvocal vocalisirt. ⟨𒅆 hat sich dagegen immer als Vocal bewährt und â u müsste daher die Form 𒅆 ⟨𒅆 haben.

Hier stellen sich aber nun Zweifel entgegen. Ich zähle zuerst die Beispiele auf:

â u r a m a z d â scheint nach dem Zend a h u - r a m a z d â nicht einen Diphthong, sondern zwei getrennte Vocale zu erfordern.

d a n̄ g h u bildet den Accus. — 𒆠 𒅆 ⟨𒅆 ⊢𒌋 ◤ den Genitiv Sing. — 𒆠 𒅆 ⟨𒅆 𒈫 ◤. Ist dieses nun d a n̄ g h â u m, d a n̄ g h â u sʿ od. d a n̄ g h â - v a m, d a n̄ g h â v a s, zu lesen? Da der Nom. Plur. —

𒆪 𒅆 𒌷 ⟨ daṅghâwᵃ geschrieben wird, so
wäre auch für die Endungen des Genitivs und Accusativs âwᵃs, âwᵃm zu erwarten, wenn nicht
wirklich eine Contraction einträte. Man sieht aber
leicht, dass die Formen daṅghâwᵃs, daṅghâ-
wᵃm das a vor der Endung verlieren, und w
zum Vocal zurückkehrt. Für die Diärese spricht
dann auch âurᵃmᵃzdâ selber.

Schreibt nun aber die Keilschrift für den
Diphthong âu auch 𒌷 ⟨𒌷 oder auf andere Weise
und mit welchem Zeichen? Etwa 𒌷 ⟨𒌷? Hierauf kann ich aus den Inschriften nicht antworten.

Dieselbe Frage lässt sich auch über âi auf-
werfen; hier ist aber das gegebene Material noch
unfruchtbarer. 𒌷 𒀀 𒅆 𒇷 ⟨ A. 3. 5. lässt
sich âiwᵃm und âyᵃwᵃm lesen; und die Frage
ist, ob 𒌷 𒀀 oder 𒌷 𒀀 der Diphthong sey.

Es ist aber klar, dass die Schrift verschieden
verfahren musste in Beziehung auf die Bezeichnung dieser Diphthonge, je nachdem das zweite
Element, i und u, der Verwechselung mit den
Halbvocalen y und v ausgesetzt war oder nicht. Bei
ai und au war dagegen das Bedürfniss, das a
durch die Schrift zu bezeichnen, damit ai und au
nicht auf i und u herabgesetzt würden. Dann
ist noch der Fall denkbar, dass bei ai und au
neben der vollen (z. B. Deutschen) Aussprache,
auch eine contrahirte (z. B. Französische, ê, ô)
sich bildete. Kam die letzte Aussprache vor, so
musste a mit i und u auf eine Weise verbunden

9

werden, dass die vereinigten Zeichen nicht a i und a u, sondern ê und ô anzeigten, oder es mussten geradezu eigene Zeichen dafür erfunden werden. Das Devanagari gebraucht für das ê die zweite Weise (अइ = ए), für ô die erste (अउ = ओ). Unsere Schrift scheint die erste Weise zu befolgen, wenn 𒀭 𒄿 = ê und 𒀸 𒄯 = ô ist.

Für ê habe ich nur das Beispiel this'âm. Für ô hoffe ich ein etwas sichreres anführen zu können. Beide Formen, die hier für a stehen würden, beweisen aber, dass die Bezeichnung dieses Vocals aus dem h erwachsen ist. Die dritte Form wäre dann 𒀸, wenn 𒀸 aus 𒀸 und 𒀸 wirklich zusammengesetzt ist *).

Um nun aber 𒀸 𒄯 als ô wahrscheinlich zu machen, muss ich die Inschrift von Murghab eigens hier behandeln.

Diese ist mit so vielem Fleisse von Sir Robert Ker Porter copirt worden, dass ich glaube, auf seine Abschrift mich allein beziehen zu können. Sie ist bekanntlich zuerst von Morier entdeckt. Porter hat nur einen einzigen Fehler, der vielleicht nicht einmal ihm zur Last fällt, sondern seinem Graveur; nämlich am Ende des dritten oft genug vorkommenden Wortes, wo er ein 𒀭 oder ç für ein 𒀭 oder h gesetzt hat. Sie ist diese: 𒀭 𒄿 𒇉 𒑰 𒀸 𒄯 𒇉 𒄯 𒑰 𒀸 𒄯 𒀭 𒀭 𒇉 𒑰 𒀸 𒄯 𒇉 𒀭 𒑰 𒀸 𒄯 𒀭.

---

*) S. oben S. 54. 56.

Ich lese: âd ᵃm. ôs̓us̓ k̓s̓âhç̓iᵃh. ak̓âmᵃ-
nis̓iᵃh. Das s̓ gegen das Endé hat den Strich
verloren, 《 für 巛, und das a im Anfange des
letzten Wortes ist 〈〉〈, beides auch wohl Ver-
schen Porters.

Porter bemerkt, Travels I. 489. über diese
Inschrift folgendes: It is . . perfectly uninjured
and so clear and sharp, that it seemed scarcely pos-
sible so mistake a wedge. This I copied with as
much care and accuracy as etc. Er bemerkt ferner, dass sowohl Morier als Sir Gore Ousely in
ihren Abschriften abweichen. Da die Inschrift so
oft wiederkehrt und Porter auf die Abweichun-
gen seiner Vorgänger aufmerksam geworden war,
so dürfen wir wohl auf seine Abschrift als die
genaueste uns berufen und sie hat in der That
nur Einen eigentlichen Fehler. Doch bleibt es
auffallend, dass sich dieser Fehler finden sollte,
da die Inschrift so oft wiederkehrt. Er sagt S.
5o5.: J shall now speak of the inscription, which
is so generally met with on all the pillars etc.
of the place and without deviation of a single
curve. Hätte der Steinhauer wohl einen Fehler
so oft wiederhohlt?

Die einzelnen Worte glaube ich passender
bei ihrem anderweitigen Vorkommen zu erklären
âd ᵃm = posui, ak̓âmᵃnis̓iah = Achaemenius.
Also: posui Os̓us̓ rex̓ Achaemenius.

Hr. Grotefend hat den Namen Kusruesch
d. h. Koresch oder Cyrus gelesen. Dieses hängt
mit seiner Ansicht über Pesargadae zusammen,

welches er in Murghab findet. Immer zeigt es
aber eine grosse Willkühr gegen sein eigenes System, dass er einen Buchstaben, den er sonst richtig mit s῾ (sch) wiedergiebt, hier einer Hypothese
zu gefallen, plötzlich in s r verwandelt.
Auf die Streitfrage, ob das bei Murghab gefundene Grabmal das des Cyrus sey, oder nicht,
lasse ich mich nicht ein. Denn dieses Monument
hat jetzt keine Inschrift, und die übrigen können
einen andern Erbauer haben, Dem Porter schienen die Inschrift-tragenden einen spätern ägyp-
tisirenden Stil zu haben. Das vermuthete Grabmal hat aber früher vielleicht eine gehabt: Porter 5oo.: „I searched everywhere for some trace
of a cuneiform inscription, but in vain; the
place where most likely such a one would have
been, if any existed within the tomb, is on the
right of the entrance; but it has probably been
obliterated to make room for the present open
scroll in the Saracenic taste."
Wenn nun der in den Inschriften bei Murghab vorkommende Name nicht der des Cyrus seyn
muss, so hat die Frage über Pasargadae und Cyrus Grabmal nichts mit dieser Untersuchung zu
schaffen.

خورشید enthält zuletzt, wie جمشید, das Zendwort k῾saêta, Altp. wahrscheinlich k῾saita, König. Das übrig bleibende k῾ur bedeutet aber
Sonne: Etym. Magn.: Κόρος, ὁ βασιλεὺς τῶν Περ-
σῶν, ὁ παλαιός. Ἡλίου γὰρ ἔχει τὸ ὄνομα. Κοῦρον
γὰρ καλεῖν εἰώθασιν οἱ Πέρσαι τὸν Ἥλιον. Kur

ist aber das Zendische h v a r e, Gen. h û r ô *)
Also h v a r ě. k's'a ê t a. Auf h v führt auch das
neuere خر.

Wir müssen also einen andern Namen su-
chen. St. Martin las h u s'u s' und erklärte O c h u s.
Das letztere gewiss mit Recht. Denn unter den
Achämenidischen Königen kommt kein anderer
Name vor., der auf die Charaktere passt, sey es
nun der als der dritte Artaxerxes, oder der als
der zweite Darius in der Geschichte bekannte
Ochus.

'Ωχος hat ein χ für das s', eine Aussprache,
nach welcher u p n e k h a t aus u p a n i s'a d geworden. Es ist im Grunde die analogische Durch-
führung des Princips, wonach s in h übergeht;
das adspirirte s oder s', geht also in k' über,
hier in der Aussprache, die wir bei den Griechen
finden, in a k'â m ᵃ n i s'i ᵃ h in der Sprache selbst,
wenn ich das Wort, recht erkläre. Auch wird
die wahrscheinliche Etymologie des Wortes zur
Bestätigung dienen können. Der Name lässt sich
da wir w ᵃ ç n â für Zd. v a ç n à gefunden haben,
mit dem Namen u ç, dem König k a i k a u s in
Verbindung setzen. Yaç. 433. ôs'u ist wohl der
gehorsame, fromme, oder aus dem Geschlechte des
K a v â - u ç.

Es scheint mir, dass wir für ⟨ᛏ ⟨ᛜ als ô ein
triftiges Zeugniss in 'Ωχος besitzen und dass die
Figur eben das ist, was wir zu erwarten hatten,

---

*) Y. N. LXVI. V. S. 135.

eine solche Prägung des a, dass es nicht als der selbständige Vocal, sondern als Theil eines Doppellautes erschien. Wenn diese Untersuchung, die aus Mangel an Stoff nothwendig unvollständig und hypothetisch ausfallen musste, gebilligt wird, haben wir im Altpersischen die Diphthonge a i - a u, ê - ô, âi-âu anzunehmen, von denen a i - a u und â i - âu durch neben einander Stellung der beiden Elemente, ô aber durch eine eigenthümliche Verschmelzung des a mit u, ê endlich durch Verbindung des für a gesetzten h mit i bezeichnet wird.

Die noch zu findenden Zeichen wären nach dieser Musterung s, initiales y und langes u.

Ich habe für die Vocale das Sanskrit zur Richtschnur gewählt, weil wir keine Spur des Zendischen Vocalsystems mit seinen getrübten, gespaltenen und sich vielseitig bedingenden Lauten gefunden haben: keine Epenthesen des i und u, keine Einwirkung des y und der Labialen auf a (yêçnya, môuru, pôurutěm), keine Trübung des auslautenden âm in a͂m. Auch ist keine Spur des ě oder è, wenn man nicht annehmen will, dass dem inhärirenden a mitunter dieser Ton zukomme. Auch keine Spur des a ê oder a o, a ô für ê und ô. Doch haben wir eine Spur einer ähnlichen Spaltung des Sanskritischen ê und ô, wie im Zend, wo a ô neben a o, ê neben a ê steht, wenn im Altp. ô neben a u steht, und a i wirklich verschieden ist von ⟨⟨ ⟩⟩ = ê. Hier wollen wir

jedoch kein grosses Gebäude auf so schwache
Fundamente aufführen.

Diese Vergleichung geht aber über die Schrift
hinaus; wenn von blossen Schriftzeichen die Rede
ist, so hat das Altp. a, â, i, î, u und wahrscheinlich û, wie im Zend. Es hat eine Ligatur für ô,
wofür jedoch im Zend das Zeichen zwiefach mo-
dificirt wird; vielleicht eine für ê, wie das Zend.
Für è und ě natürlich keine Zeichen. Die höch-
sten Diphthonge, âi und âu, haben auch im Zd.
keine besondere Charaktere in der Schrift und
âo ist eine Ligatur, die im Altp. überflüssig war.
Die grosse Verschiedenheit liegt nur in der Verbindung der Schriftzeichen, die durch die innere
Lautgesetze der Sprache bedingt ist.

§. 7. Zweifelhafte Buchstaben, Varianten, Fehler.

Ausser den bis jetzt behandelten Buchstaben
finden sich noch einige wenige, die nicht fehlerhaft zu seyn scheinen und deshalb eine Untersuchung erheischen, theils weil sie etwa die noch
gesuchten seyn könnten, theils weil Buchstaben,
die sich unserm Alphabete nicht einfügen woll-
ten, seiner Gültigkeit offenbar Abbruch thun
würden.

Ich gehe daher die Inschriften in dieser Beziehung durch. I. 20. steht: 𒀸 ▶️⩭ 𒁹 𒀸 ◣.
Porter lässt das zweite Zeichen ganz weg; da er es

völlig verwischt fand, dürfen wir schon eine an-
fangende Schadhaftigkeit bei Niebuhr annehmen,
und ►⟊ dafür setzen. Für das 3te Zeichen setzt
Porter ⟊⟨⟊, das Niebuhr'sche ist aber ein noch
unbekanntes. Es findet sich öfters ein mit â w^a
anfangendes Wort, dessen zweiter Consonant ein
Sibilant ist. L. B. 14. â w^a s'i y^a h. L. B. 2. ⟊⟊⟊
►⟊ ►►⟊, aber ►►⟊ ist offenbar für ⟊►►⟊, also â w^a z^a.
Da nun z und ç wechseln, so scheint Porter's ç
Auctorität zu haben, â w^a ç â, â w^a z^a, â w^a s'i y^a h.
Wäre ⟊⟨►⟊ ächt, so würde man es für s halten
müssen. Umgekehrt hat Porter I. 1. ⟊⟨►⟊ im Nominativ des Wortes König, wo sonst ⟊⟨⟊ steht.
Ist denn ⟊⟨►⟊ eine Variante von ⟊⟨⟊ oder ein blosser Fehler? An dieser letztern Stelle wohl gewiss,
zumal da Niebuhr auf demselben Original nichts
der Art gefunden hat.

H. 1. Im zweiten Worte bei Porter steht ⟊⟊⟊⟊
für ⟊►►⟊ bei Niebuhr. A. 23. hat Porter für diesen Charakter ⟊≥⟊; mehrere Male ⟊►⟊. Es sind
alles wohl nur Schreibfehler, kaum zulässige Varianten.

H. 6. im zweiten Worte hat Porter ein ►⟊⟊
für Niebuhrs ⟊⟊. Aber die Lesart i h â ist unver-
dächtig und es hat sich wohl nur der Worttheiler
ler bei Sir Robert verdoppelt. Er hat ebenso das
â des Wortes in m verwandelt und giebt dem h
des folgenden Wortes d^a n̄ g h â u s' die unerhörte
Form ⟊⟊ ◄.

H. 7. und A. 5. steht ⟊ für p. Es hat Niebuhr aus Versehen die drei Querstriche in die

Stelle der verwischten Senkstriche hinunterge-
rückt.

II. 9. am Ende hat Porter 𒌋 für Niebuhrs
𒌋. Hätte er ein anderes Original vor Augen gehabt, so wäre es ein Beweis, dass beide Zeichen
wechseln könnten, so ist es aber ein Fehler.

A. 6. Für das t in f^{r}amâtâr^{a}m hat Porter
𒌋. Niebuhr hat das gewöhnliche t. Ist dieses
ein Versehen Niebuhrs und 𒌋 eine erlaubte Variante für 𒌋? Denn gerade dieser Art ist das
öfters vorkommende 𒌋 für 𒌋 und es wäre daher
möglich, dass 𒌋 und 𒌋 dasselbe wären. Eine
Variante ähnlicher Art habe ich in 𒌋 für 𒌋
angenommen, ja die Variante hat mir das Ansehen des ächtern Charakters.

I. 8. hat Porter 𒌋 für Niebuhrs 𒌋, welches
aber zu oft und sicher vorkommt, um Porters
Figur auch nur als Variante gelten zu lassen.

I. 23. hat Porter 𒌋 in einem Worte, welches ich nicht verstehe. Niebuhr hat das regelmässige t dafür.

Diese Durchmusterung giebt also folgendes
Resultat: Neue Zeichen, die aber zweifelhaft sind:
𒌋, wohl Variante für 𒌋; dann 𒌋, welches
sich auch bis jetzt keiner genügenden Auctorität
erfreut. Varianten: 𒌋 = 𒌋, sicher; 𒌋 =
𒌋, zweifelhaft; 𒌋 = 𒌋, ebenso; 𒌋 = 𒌋,
zweifelhaft.

Wenn unter den neuen Zeichen sich ächte
finden sollten, müssen sie die von uns leer gelasse-
nen Stellen einnehmen, oder unser Alphabet ist

mangelhaft. Nur neue Inschriften können darüber entscheiden.

Ich erwähne gar nicht der Varianten, die sich auf blosse Verwischung einzelner Züge gründen oder durch ein anderweitiges Vorkommen des unverstümmelten Wortes sich als Fehler oder Schaden erweisen. Aus Le Brun würde man eine Menge der Art sammeln können. Es wäre aber ein reiner Zeitverlust und die nachherige Bearbeitung einer seiner Inschriften wird die Art dieser Varianten genugsam ins Licht stellen.

Es wird erspriesslicher seyn, das gewonnene Alphabet geordnet, mit der Deutschen Bezeichnung begleitet, dem Leser vorzuführen.

Vocale.

⟨⊨⟨, a', initial. 𒌋, â. 𒌋, i, 𒌋⊳, î. ⟨𒌋, u. (⟨𒌋, û?).

Besonders geschriebene Diphthonge: ⟩⟨⊳ 𒌋, ê. ⟨⟩ ⟨𒌋 ô.

Consonanten.

⟩⊨, k. ⟨⟨𒐖, k'. ⟨𒐖⊳, g. ⟨⊨⊳ (⊨⟨⊳?) g'. ⟨𒌋 ⊳⟩⊨, q.

⊨𒐖, k'. ⊳⟨⊨, g'.

⊨⟩𒐖 (⊳𒌋), t. 𒐖⊳, t'. 𒌋, d. ⟨⊨⟩, d'. 𒌋, t'.

𒌋, p. ⟩⟨⟨, f. ⊨⟩, b.

𒌋⊳, 𒌋, y, medial. ⊨⟩, r. 𒌋, v, initial. (⟨𒌋, v, medial?) ⊳⟩⊨, w.

ᛋ, ç. ►《 oder 〰,,s'.
《,, ६. ►-, z. ─, h.
《〰《 n̄g, medial. ─《, n. ►《, n̄. ►ᛁᛁ,
m. 《〰, 'm (?).

§. 8. Erklärung der Inschriften.

Ob eine Entzifferung viel Zutrauen verdiene,
wenn man durch sie nicht in den Stand gesetzt
wird, einen verständlichen Text aufzustellen, will
ich hier nicht untersuchen. Jeder wird aber zugeben, dass sie an Zutrauen unendlich gewinnen
muss, wenn sie uns erklärbare Worte und regelmässige grammatische Formen darbietet. Ich ver-
suche also die mir bekannten Inschriften zu erklären, indem ich sie mit dem obigen Alphabete lese.

Ich bediene mich zur Aufklärung der Formen
und Wörter natürlich des Zends und Sanskrits,
indem ich mich zuerst der Lautgesetze der drei
verschiedenen Sprachen zu vergewissern gesucht
habe. Das Zend steht natürlich am nächsten, als
Sprache eines in Sitten und Lehren am meisten
verwandten Volkes; für die Wörter ist daher zunächst eine Zendische Bedeutung aufzusuchen und
das Zend muss für das Altpersische das seyn, was
das Sanskrit ist für das Zend.

Es wird dieses noch mehr seyn, wenn wir es
vollständiger als jetzt kennen werden, und wenn
ich öfter meine Zuflucht zum Sanskrit nehme, so

ist es nur, weil das Zend mir noch keine hinreichende Auskunft gab. Wir sind weit davon entfernt, den ganzen Sprachschatz des Zends auch nur in einer rohen Zusammenstellung übersehen zu können. Jeder ist auf seine eigenen Sammlungen beschränkt.

Wenn ich nun einige Wörter unerklärt lassen muss, andere nur zweifelnd deute, so ist zu erwägen, dass in diesen Inschriften eine sehr geringe Masse von Texten vorhanden ist, auch viele ἅπαξ λεγόμενα darin vorkommen.

Die Inschriften der Pariser Vase, wie die von Murghab, erhalten ihre Erklärung durch die andern Inschriften, und sind oben schon gegeben worden. Es bleiben also die Niebuhr'schen und eine Le Brun'sche.

Ich fange daher mit Niebuhrs Inschrift B. an. Siehe am Ende die Tafel der Inschriften.

Diese Inschrift kommt immer über den Thüren vor, über dem Bilde des Königs, der den Sonnenschirm- und Fliegenwedel-Träger hinter sich hat, beides, wie bekannt, auch in Indien Insignien hoher Würde *).

Es ist nur ein Fehler in der Inschrift. Z. 2. am Ende des ersten Wortes steht ▶ für ▶, wie es sonst ist I. 1. A. 8. 16. G. 1. H. 1. und in dem Gen. Faem. des Wortes A. 13.

Le Brun hat (132.) auch diese Inschrift, aber die Anfänge der Zeilen um mehrere Zeichen ver-

---

*) S. Niebuhr S. 138.

stümmelt, wie, glaube ich, schon Hr. Grotefend
bemerkt hat.

Ich lese und übersetze: dârhawus͐. k͐s͐âh-
ḑiah. w^az^ark. k͐s͐âhḑiah. k͐s͐âhḑihânâm.
k͐s͐âhḑiah. d^an͞ghunâm. vis͐tâçp^an͞ghâ. put͐.
ak͐âm^anis͐i^ah. ah. im^am. tîram. âônus͐.

Darius, rex magnus, rex regum, rex terrarum, Vistaspis filius, Achaemenius. Is hanc portam construendam *curavit.*

Die beiden ersten Wörter sind oben besprochen *), so wie das dritte, welches offenbar das
neuere ﺑﺰﺭگ, gross, ist. Brauche ich den Titel des
grossen Königs zu rechtfertigen? w^az^ark ist
mir im Zend nicht bekannt, noch weiss ich ein
entsprechendes Sanskrit - Wort. Hängt es mit
dem Zendworte b̆er̆ĕzat, Skt. vrihat, gross,
zusammen? Das w im Altp. für Skt. v wäre an
seiner Stelle; es wäre eine Versetzung der Buchstaben und eine andere Endung. Den consonan-
tisch auslautenden Nominativ haben wir oben schon
oft gefunden **).

k͐s͐âhḑihânâm. Die Form bietet eine Schwierigkeit dar. Nach der Analogie von ps͐uw^aznâ-
nâm A. 10. müsste das Thema k͐s͐âhḑiha seyn.
Der Nominativ ist aber immer -ḑi^ah. Der Genitiv wird dagegen geschrieben 𐎣 𐏐 𐎣 𐎲
𐎣 𐎺 A. 15. G. 3. ḑih^an͞ghâ; also auch ein
Thema auf: ḑih^a. Denn vis͐tâçp^an͞ghâ fügt

---

*) S. S. 37. 78.
**) S. S. 63. 89.

nur n͞ghâ an. Der Accus. ist: 𒆠𒅅𒀭𒁹

A. 5. H. 2. Das 𒀭 vor m kann hier blos Andeuter des Vocals seyn, und ist es wohl, denn
s͟ihâtim L. B. 3. hat das h nicht, weil es ein
Thema auf i, also Accus. im hat. 𒀭 wird also
dem m vorgesetzt, um das Vorhandenseyn eines
a vor m und ein Thema auf a anzukündigen. Es
ist also hier kein Grund ç i h a m zu lesen. Diese
Orthographie kehrt aber wieder bei anderen Wörtern, die auf ia endigen. Es steht m a r t i h a -
n͞ghâ L. B. 3. von einem Thema auf a (मर्त्य, m a r -
t y a, sterblich, Skt.), dagegen u m a r t i h â H. 9.
von einem Thema auf i.

Das Zend giebt keine Aufklärung; b a i r y ê h ê
steht ʼneben b a i r y a n â m, es wirkt also das y blos
auf das a im Genitiv Sing., nicht im Plur. Daher dürfen wir wohl nicht dieselbe Erscheinung
in den obigen Beispielen suchen, obwohl ihr Grund
auch im Altp. in dem vorhergehenden i zu liegen
scheint. Diese Vermuthung wird aber dadurch
beseitigt, dass auch Wörter o h n e i ganz ebenso
gehen. Der andere Königstitel, der sowohl vom
Xerxes als Darius gebraucht wird, giebt uns das
Beispiel. Nom. 𒂊𒀭 L. B. 6. 8. Le Brun's Frgm.
133. Accus. 𒂊𒀭𒁹 L. B. 4. 5. Gen. Plur.
𒂊𒀭𒀸𒂊𒀸𒁹 L. B. 6. Gen. Sing. 𒂊
𒀭𒆕𒂊𒀭𒀸 L. B. 9. Also ist auch der Accus.
k͟sâhçiham. Da nun das h am Ende des Nominativs dieser Wörter das verwandelte s seyn muss,
wie es dieses ist in a u s a d a h, H. 3, ah B. 5. H. 1.
L. B. 1. 2. 3., so scheinen diese Wörter ihre Fle-

xionen an den Nominativ anzuhängen. Eine Erscheinung, die viel gegen sich hat, namentlich
dass die Flexionen an einen stellvertretenden Buchstaben angehängt werden. Warum geschieht dieses aber nicht bei a h â A. 2. H. 7. (Genitiv zu
a h)? a h a n͞g h â wäre nicht unerhörter als n a h a-
n͞g h â. Und warum denn die regelmässigen Accusative p â r a ç a m k â r a m I. 21.?

Dass aber die obigen Wörter etwa nicht ein
Thema auf a h (= a s) haben, scheint mir durch
m a r t i a sicher.

Ich kann die Thatsache nur nachweisen, nicht
ihren Grund und ihr Gesetz entwickeln.

Ueber d a n͞g h u n â m, v i s͑t â ç p a n͞g h â, p u t
ist oben gespr. a k͑â m a n i s͑i a h. Die Bedeutung,
die schon Rask erkannt hat, ist wohl nicht zweifelhaft. Die Ableitungs-Sylbe wird s i a seyn, das
s steht nach i. Ich schliesse dieses aus dem Vorkommen eines Substantivs m a i n i im Zend*), im
Sinne von m a i n y u, Intelligenz, Geist; im Sanskrit lässt m a n î s͑â eine ähnliche ehemalige Form
voraussetzen. Ja, wahrscheinlich findet sich das
Wort m a n î in der Stelle I. 20. H. 9. s y a ist ein
Affix im Zend, wie im Sanskrit. Nicht so leicht
ist der erste Bestandtheil des Wortes zu erklären.
Da wir aber bei den Genitiven auf h â sehen, dass
ein y nach der Verwandlung des s verschwindet,
sein früheres Daseyn aber durch Verlängerung des
Vocals bezeichnet, da wir in ô s͑u s͑ =ʹΩχος, einen

*) Yaç. p. 442.

Uebergang in der Aussprache von s' in k' lernen,
so ist ak'â = dem Zendworte as'ya, rein, heilig.
Also gerade die Erklärung, die Burnouf's Scharfsinn schon früher aufgestellt hat *). Ak'âmani
ist also die nominale Form und diese entspricht
genau Achaemenes. Auch ein Sohn des Darius
heisst so **).

ah halte ich für Nom. Sing. Masc. des Pronomens a, dieser, welches im Zend und Sanskrit
bekannt genug ist. ah für as ist das Sanskritische as - âu; âu ist das gunirte Encliticon u ***).
Ueber im am. tîram s. S. 49. und. S. 126.

Es bleibt âônus'. Der Accus. lautet âônwam
oder âônawam, A. 22. Diese Stelle ist auch ent-
scheidend für die Bedeutung, den errichtet
habenden, also eine Form des Partic. Perfecti
Act. Die Zend und Sanskrit-Form ist aber vas,
= vats. Ist hier eine Abkürzung davon oder
ein nur im Bildungs-Elemente verwandtes Affix?
Wahrscheinlich das erstere. Das Thema kann
nicht u seyn, da dârhawus' im Accus. dârha-
wum macht. Der Nom. wird also eine Contraction seyn, wie die Zendischen Accusative t'ris'ûm
für t'ris'vêm. Ob âônawam oder âônwam zu
lesen, wird davon abhangen, ob w mit n verträg-
lich ist, worüber erst weitere Beispiele entscheiden
können.

---

*) Y. p. 16.
**) Herod. III. 12.
***) Siehe Hitop. II. p. 6.

Ob âô ein gunirtes u oder â Präposition, ô
Guna des u sey, ist nicht ganz klar. Doch ist das
letztere wahrscheinlicher, da in âbᵃr die Praepo-
sition sicher ist und ôsʿusʿ keine Spur der Guna-
Form auf âô zeigt, wenn man nicht sagen will,
dass für dieses Wort eine andere Ableitung zu
suchen sey.

Eine Wurzel un kenne ich nicht im Zend;
im Sanskrit kommt ûn vor in der Bedeutung
messen; doch finde ich sie blos bei Wilson. Dagegen ist van eine bekannte Wurzel im Zd. und
Sanskrit. Im Zend bedeutet van zerstören *).
Eine andere Bedeutung liegt aber in vantwa,
welches mit Versammlung übersetzt wird.
hvan͂twa (huv.) steht oft als Beiwort des Dschemschid, so yimâi. çrîrâi. hvan͂tʿwâi V. S. Frgd.
II. wo man es mit Haupt der Völker und Heer-
den übersetzt findet. Die Sanskrit-Wurzel van
hat viele Bedeutungen: helfen, dienen, trauen,
sich sehnen nach, erwärmen, beschäftigen, anstellen **) (व्यापृतौ). Diese scheint auf unsere Stelle
zu passen; etwas veranlassen von einem Gebäude
ist errichten. Dieses muss doch hier der Sinn
seyn. L. B. 4. steht es in dem verwandten zum
König erheben, einsetzen. Die Versammlung
im Zend wird auch wohl eine Einsetzung, Ein-

---

*) Yaç. 443. cf. V. Sad. p. 45.
**) Nicht kaufen und verkaufen. S. vyâpârin bei Wil-
son: motor, cause of occupation.

richtung seyn, und Dschemschid der gu te Ein-
ri c h te r, wie Ϝάναξ, der König, Μίδᾳ Ϝαναχτι
in der Phrygischen Inschrift. Der Uebergang des
van in un ist bekannt.

Niebuhr's Inschrift I.

Z. 1-7. Varianten, wenn man es so nennen
kann, sind folgende: Am Ende des ersten Wortes haben beide 𐎻𐎻𐎻 für m. Darüber mehr unten.
Ueber 𐎡 bei Porter in k᾽s᾽âhζiᵃh siehe S. 136.
Niebuhr hat nur 𐎡, woraus also hervorgeht, dass
das Zeichen verstümmelt ist. Z. 7. init. 𐎡 für
𐎡 bei Porter. Das übrige sind nur Auslassungen
von einzelnen Strichen, wo Niebuhr oder eine
andere Stelle das vollständige giebt.

Ich lese und übersetze:
å̩dᵃm. dârhᵃwus᾽. k᾽s᾽âhζiᵃh. wᵃzᵃrk.
k᾽s᾽âhζiᵃh. k᾽s᾽âhζihânâm. k᾽s᾽âhζiᵃh. da-
n͂ghunâm. tês᾽âm. ps᾽unâm. vis᾽tâçpᵃn͂ghâ.
put᾽. akâmᵃnis᾽iah. ζâtiᵃh. dârhᵃwus᾽.
k᾽s᾽âhζiᵃh. wᵃs᾽nâ. âuramᵃ̆zdân͂gâ. imâ.
dᵃn͂ghâwᵃ. thâ.

Posui Darius, rex magnus, rex regum, rex
populorum horum bonorum, Vistaspis filius, Achaemenius nobili genere. Darius rex voluntate Auramazdis. Hi populi illi.
Die Wörter, die nicht in der frühern Inschrift waren, sind âdᵃm, worüber sogleich; tê-
s᾽âm ps᾽unâm, worüber s. S. 45. 47. ζâtiᵃh,

worüber S. 74. waśnâ s. S. 39. âura͟mazdânͣgâ
s. S. 58. und S. 128. Die Bedeutung des Wortes
bei Burn. Yaç. p. 10. 352. Das Altp. zieht die
abgeleitete Form âhura vor. imâ, Nom. Plur.
Faem. worüber S. 48. so wie über danͣghâwa
und thâ S. 98.

Der letzte Satz geht offenbar auf die Bilder;
dieses hier ist Darius, der nach dem Willen des
Ormuzd König ist, diese hier abgebildeten sind die
Völker, nämlich die eben die guten genannt
wurden. Hätten wir andere Inschriften, würden
wir wissen, ob der Ausdruck nicht hier auf eine
besondere gute Eigenschaft bezogen werden müsse,
auf die Verehrung des Feuers oder die Bereitwilligkeit der Darbringung des Tributs. In
Babylon konnte es unter den Persern nicht an
Feuerdienst fehlen, von Cappodocien ist es bekannt, von den Sakern in Armenien habe ich es
oben bemerkt; interessanter wäre es zu wissen,
ob die Indier auch diese Deutung zuliessen. Der
älteste Indische Götterdienst giebt sich vielfach als
Feuerdienst kund; die hier erwähnten Indier sind
aber nicht die des innern Indiens, und es könnte
bei ihnen Persischer Einfluss einen mehr eigentlichen Feuercultus hervorgerufen haben, wie in
späterer Zeit Skythische Könige am Indus als
Feuerverehrer auf ihren Münzen erscheinen. Auch
bleibt es bemerkenswerth, dass das Zendavesta
Indien zu den von Ormuzd erschaffenen Ländern
rechnet, unter die von Ahriman dort hervorge-
brachten Uebel blos Hitze und unzeitige Perioden

der Frauen, nicht den Devacultus selbst. Ja,
wenn es sich zeigen liesse, dass ein Theil des Hasses
der innern Indier jenseits der Sarasvati gegen die
diesseitigen *), von einer Verschiedenheit des Cultus herrührte, so wäre, nach Herrn Prof. Ritter's
geistreicher Bemerkung, das Sieben - Indien vom
Anfange bis zum Niedergange **) zu verstehen,
als das am Indus, den fünf Flüssen des Penjabs
und der Sarasvati gelegene. Es wäre dieses dann
das iranische Indien. Doch dieses nebenbei. Am
schwierigsten scheint es mir, die Feuerverehrung
bei den Sakas und Mak (Z. 18.) anzunehmen. Oder
waren dieses gute turanische Völker?

Der Ausdruck: nach dem Willen des Ormuzd kommt auch vom Xerxes vor, hat also keinen Bezug auf die Weise, wie Darius zum Thron
gelangte. âdam. Dieses Wort steht so Z. 7. wo bei
Porter auch m ist. In der Inschrift M. hat Porter es auch wie hier. A. 6. hat Porter âdam,
wo Niebuhr âim setzt (ᛡᛡ für ᛡᛡ). Die Entscheidung muss nach der Erklärung des Wortes sich
richten.

Es sind nur zwei Vermuthungen, die mir
der Erörterung fähig scheinen: dass âdam ein
Pronomen sey: dieser, oder die ite Pers. Sing.
Imperf. von dâ = dʿâ, setzen, und der Präpos. à.
âdam, als Pronomen, würde sich auf das Zend

---

*) De Pent. Ind. p. 58.
**) V. Sad. Frgd. I. mit Burnoufs Erklärung Y. N. CXIII.

Pronomen âda, welches sehr zweifelhaft ist *),
nicht berufen können; das Sanskrit adas hat
ohnehin eine andere Bildung. âdam als Verbum
hat dagegen für sich, dass âdâ entschieden als
3te Pers. Sing. dieses Tempus von â + dâ vorkommt, gerade mit der Zendischen Bedeutung:
erschaffen, L. B. 1—4. Das abgeworfene t der
3ten Pers. erregt allerdings Bedenken **), doch ist
dieses vielleicht eine Einwirkung der gleichlauten-
den Endung des Perfects âdᵃdâ H. 3. oder es ist,
wie im Griech. ἔδω. Auch in frâbᵃr H. 3. 7.
fehlt das t, doch ist hier der Fall ein anderer,
nach r muss es auch im Skt. abfallen, wie überhaupt nach Consonanten. An der Bedeuturg von
âdâ kann aber kein Zweifel obwalten. âdᵃm als
erste Person ist gegen die sonstige Altpersische Regel verkürzt und mehr als im Zend âdã͞m, wo
das nasalirende ã͞ gewiss länger ist, als das rein
kurze a.

Dass ich d͑â, nicht dâ als Wurzel nehme,
gründet sich auf die auch im Zend eingerissene
Umgestaltung des धा in दा. Doch scheint im Altp.
das d͑ nicht unter den Bedingungen wieder einzutreten, wonach es im Zend erscheint ***)

Die 1ste Pers. werden wir in andern Inschriften wiederfinden.

---

*) Burn. observ. p. 10.
**) Im Zend a d͑â t. V. S. 150.
***) Yaçna I. 358.

Die angebliche Uebersetzung der Grabschrift des
Cyrus ist auch in der 1sten, die (vielleicht hierin
eben nicht treue) bei Herodot einer Inschrift des
Darius in der 3ten *).

7—10. Z. 8. bei Porter fehlt das â nach pâ-
râçâ; im 1sten Worte hat er 𝍍⟩ für 𝍍.
Ich lese: âdᵃm. âdᵃrśiᵃh. adâ. ânâ.
pârᵃçâ· kârâ. thâ. ayâm. âtᵃrç. mᵃnâ.
bâgiᵃm. âbᵃr.
Posui debellator. Heic hi Persae ministri. Isti
(populi) adorationem igni, mihi tributa attulerunt.
âdᵃrśiᵃh. â ist ohne Zweifel die Präpos.
iᵃ ein Verbal-Affix, gleich hᵃk'iᵃh. I. 19. 22. Die
Wurzel wird ohne Guna seyn, also = Zd. dĕrĕs,
Skt. धृष्, d'riś. Das Affix ya hat im Zend oft
active Bedeutung, nicht wie im Skt. passive
oder die der Nothwendigkeit (kârya, facien-
dum). qarĕtô. bairya, Nahrung bringend, V.
S. 143. (38. Ols.).
धृष् im Skt. ist: überwältigen. Ein Zendisches Beispiel ist V. S. 79. vâtĕm. darĕśĕm.
mazdadâtĕm. yazmaidê, wir verehren den
Wind, den Gotterschaffenen, den bezwingenden.
Diese Stelle findet ihre Erklärung durch eine der
Siruze (p. 291. Kleuk.): Lobpreis dem Winde ..
zur Hülfe der Menschen für's Gesetz kämpfend.
Es liegt also wohl in âdᵃrśiᵃh entweder: ich
erbauete den Pallast, jene Völker beherrschend,

*) Strabo XV. Pers. §. 7. 8. Herod. III. 88.

oder es geht auf einen besondern Sieg.: ich erbauete den Pallast, als Sieger.

adâ ist abgeleitet von a, wie tadâ im Skt.
von ta, oder idâ von i (siehe Anmerk. zum Gît.
Gov. V, 14.). Das Zendische adˁâ *) wird auch gewiss adâ geschrieben seyn. Die Bedeutung scheint
aber eher die Zendische von atˁâ, dort, dabei,
als alsdann zu seyn. Es kommt darauf an, ob
kârâ (Skt. kâra, Thäter, Bothe, Diener) heisst:
die Perser waren Gehülfen beim Siege, oder sie
sind die Diener bei der Vorführung der Völker,
wie die Basreliefs die Sache darstellen. Ich will
darüber nicht entscheiden.

ânâ habe ich für das Skt. Zendische **) Pro
nomen ana, dieses, genommen, doch genügt mir
die Erklärung wenig wegen der Verschiedenheit
der Quantität der ersten Sylbe. Wenn ich später
Recht haben werde, eine Altp. Wurzel nâ in der
Bedeutung der Sanskritischen nî anzunehmen,
könnte âna zusammengesetzt seyn aus â, Präp.
und na für nâ, also Anführer. Doch ist dieses ungewiss. Die Endungen â stehen natürlich
für âs, Nom. Plur. Masc.

Nach pârᵃçâ scheint Niebuhr aus Versehen
â wiederhohlt zu haben, wie durch I. 21. klar
wird. Sonst müsste â für âs stehen, d. h. füi
âst, war. Ind. Bibl. III, 78. Auch âbᵃr, hat
singulare Form. für die des Pluralis. thâ Z. 9.

---

*) V. S. 63.
**) V. S. 13. 80.

muss die faeminine Endung haben, weil es auf d ª n͂ g h â wª geht, wenn nicht die Zendische Verwirrung der Genera im Pluralis auch im Altp. anzunehmen ist.

ayâm, Accus. von ayâ, scheint in den Stellen, wo es vorkommt, die angegebene Bedeutung zu haben. Ich kann das Wort im Zend nicht nachweisen: im Sanskrit nur ayă, Glück, Heil. Ich lese âtªrç, weil der Zendische Genitiv âtrô = âtͨras, im Altp. das s in h verwandeln würde. Da něrě im Zend nars bildet, hat âtªrç kein Bedenken.

manâ, Zend mana, mir, meiner. V. S. 123. 124.

bâgͤiam ist erklärt. S. 118. Ob nicht bâgͤim als Contraction zu lesen, wie im Zd. dâitim für dâitͤyem?

âbar von běrě = ꯍ, â wird die Präpos. â seyn, worin das Augment a verschwindet. Hier ist die Endung des Pluralis nt abgeworfen oder der Plural hat das Zeitwort im Singular.

10—18. Da die Varianten aller Namen, so wie ihre Bedeutung, oben ausführlich erörtert worden, habe ich nichts zu thun als sie hier im Zusammenhange herzusetzen: Choana, Media, Babylon, Arbela, Assyria, Gudrâha, Armenia, Cappadocia, Çapardia, Hunae; tum hi Usçangae; porro hi Drangae; porro regiones hae; Parutes, Açagartia, Parthae, Zarangae, Areiae, Bactria, Çugͨdia, Chorazmia, Zatagͤadus, Arachosia, India, Gadar, Çacae, Maci.

18. 19. Porter hat für kᶜ in kᶜsᵃ́hᶜᵃ́h𝄖iᵃh nur ⟪[ ].

𝄖ᵃtiᵃh. dârhᵃwusᶜ. kᶜsᵃ́h𝄖iᵃh. hᵃkᶜiᵃh. Nobilis Darius rex domitor. Ueber das letzte Wort s. S. 118.

20. Ueber das 𝄖 und die Wahrscheinlichkeit, dass es ein Fehler sey, s. S. 136. Aber auch âwᵃ𝄖â will sich immer nicht zur Deutung hergeben. Da es L. B. 2. ein Beiwort des Himmels ist, lässt sich erhaben, ewig, oder ähnliches leicht vermuthen. Aber welcher Casus? Leider ist das folgende verstümmelt. Niebuhr hat 𝄖 [ ] 𝄖 — Porter lässt alles vor 𝄖 weg, und seine Lücke, wenn sie zuverlässig ist, würde nur Ein Zeichen als verlohren angeben. Dann wäre es 𝄖 𝄖 𝄖 𝄖 𝄖 𝄖 Doch da Niebuhr 𝄖 mit einer so grossen Lücke angiebt, dass 𝄖 sehr wohl hineingeht, schlage ich: 𝄖 𝄖 𝄖 𝄖 𝄖 𝄖 𝄖 𝄖 vor. mᵃni haben wir im Namen der Achämeniden gehabt, wir haben das Wort noch H. 9. Ist's nun hier das ganze Wort? oder ist der Worttheiler ausgefallen und das letzte 𝄖 𝄖 davon zu trennen? In der Stelle H. 9. hat ayâ̇ den Genitiv des Darius vor sich; ist nun hier auch ein Genitiv anzunehmen? Doch ich enthalte mich der Vermuthungen, die mir nicht zum Ziele führend scheinen. Ebenso dunkel ist mir das auf ayâ folgende Wort.

21. Für 𝄖 𝄖 𝄖 𝄖 hat Porter nur 𝄖 𝄖. Dann liest er aber für imᵃm. 𝄖 𝄖 𝄖 𝄖[ ]. Mithin eine Verwechselung mit dem Schlussworte

der Zeile. Endlich ist das ganz vollständige h^a-kⁱah Z. 22. bei Porter auf wenige unzusammen-hängende Züge herabgekommen.

Da m â im Zd. und Skt. ne, Griech. μὴ, be-deutet, und in der Stelle H. 9. folg. auf ayâ ein Gebet folgt, so wird hier wohl ein Gebet aver-runcandi caussa anzunehmen seyn. Nach m â ste-hen im Skt. die Imperfecta und Aoriste ohne Aug-ment; auch dieses lässt sich bei dem folgenden Verbum vermuthen. Das m deutet auf die erste Person. Ⅶ kann auf vieles führen v, p, i, d, d^arç^am, ne videam wäre das leichteste, die ıste sing. aor. von driç. Da Niebuhr's Genauigkeit sich so oft erprobt hat, so lese ich die folgenden Worte mit ihm: im^am. pâraç^am. kâr^am. Es folgt pâk'i^ah. pak', पच्, bedeutet im Skt. kochen. Im Zend *) kommt es vor von der Verbren-nung der Todten. Heisst es hier: saevire? Es ist eine Form mit Vriddhi, also eine weitere Ablei-tung. Da h^ak'iah der Bändiger ist und Darius dies als ein stehendes Beiwort sich gewählt zu haben scheint, — man siehe L. B. 11. — so wäre der Sinn: möge ich, der Bändiger, nie die Perser, wie ein Tyrann, ansehen. Doch schlage ich dieses nur in Ermangelung einer sicherern Erklärung vor.

22. Nach Niebuhr's einzelnstehendem ᛩ setzt Porter eine Lücke, dann aber ein ᛁᛖ, um welches er dagegen das folgende Wort verkürzt.

---

*) V. S. 121. naçuç pak'ya.

Er scheint sich hier wieder in den Buchstaben
verwirrt zu haben. Ich folge wieder Niebuhr, der
in der Lücke noch ⟨𐎠⟩ - ⟨𐎿⟩ hat. Da pâr^aça ohne
Flexion steht, muss es mit dem folgenden componirt seyn und der Anfang des vorhergehenden
Wortes wird wohl ⟨𐎤⟩ ⟨𐎼⟩ gewesen seyn, also:
kâra. pâr^aça. In dem nächsten Worte müssen wir einen Ausfall des Worttheilers vor ⟨𐎱⟩
annehmen, da dieses in der Mitte nur vor h steht,
im Wortanfange aber auch vor Dentalen, wie adâ.
Auch ist pâtâ ein leicht erklärliches Wort, der
Nom. von pâtri, von pâ, schützen, welches wir
A. 23. H. 16. L. B. 15. haben. Dem Sinne nach
kommt es dem Zendischen paiti nahe, welches aus
derselben Wurzel hervorgeht. Die drei letzten
Worte sind wörtlich richtiges Sanskrit: कारुपारप्रायाता.

Habe ich d^arçam richtig vermuthet, und
pâk'i^ah richtig gefasst, ist der Sinn dieser: man
muss dabei das h^ak'i^ah Z. 19. sich zurückrufen:
ne intuear (habeam) hunc Persam ministrum
instar vexatoris, domitoris, (ego) ministri Persae
tutor.

22—23. in d^aqist^a ist der letzte Buchstabe
bei Niebuhr und Porter nur ⟨𐎿⟩, da aber Porter
einen Schaden vor ⟨𐎿⟩ angiebt, wird es ⟨𐎫𐎿⟩, t,
seyn. Bei Porter ist auch der erste Buchstabe
sicher, Niebuhr hat den obern Theil des Winkelhakens ausgelassen, so dass es wie ein Worttheiler aussieht. — Porter hat ⟨𐎼𐎹𐎫𐎼⟩. Da
nun aber Niebuhr ein regelmässiges t hat und
dem s seinen Strich giebt, so scheint Porter blos

aus Versehen den einen Querstrich falsch gestellt
zu haben. Es kann demnach ⊵⫪⫪ schwerlich ein
neues Zeichen seyn. Das Zeichen vor s῾ ist bei
Niebuhr ⟨[]⫪⫪, also k῾. Da weiter stâ, stehen,
im Altp. çtâ geschrieben wird, H. 8. 13. so ist
dieses nicht in stâ zu suchen. k῾çtâ = k῾s῾tâ steht
V. S. 62. und nach dem, was ich oben bei dem
Namen Xerxes bemerkt habe, scheint k῾s῾tâ das
Faem. eines Particips auf ta seyn zu können. Da
aber das vorhergehende ein Compositum ist, âk῾s῾tâ
aber allein steht, so ist es eher ein Subst. Faem.
auf tâ. Das erste â ist die Präpos. âk῾s῾tâ ist daher sehr wahrscheinlich: Herrschaft. d῾aqist῾a
scheint das Zendwort dãnhiçta *), der weiseste.
Die Adspiration des Anlautes weiss ich nicht zu
erklären. dãnhiçta scheint unmittelbar von der
Wurzel dañh (Skt. दश्, sehen) herzustammen, d῾a-
qis῾ta dagegen von einem auf va gebildeten Adjectiv.

    s῾ihatis῾ wird sich L. B. wieder zeigen und
hat dort sicher die Bedeutung: Loos, Zustand,
Schicksal. Zusammengenommen scheinen beide
Wörter eher: von glücklichem Loos zu bedeuten;
ich habe danach vorläufig übersetzt. anĝhâ ist
der Genitiv zu ah; er geht wohl auf pârªçª, da
wir die 1ste Pers. für Darius erwarten müssen.
Da nun der Satz mit âk῾s῾tâ zu Ende ist und wir
ein Verbum nöthig haben, müssen wir dieses in
atiªh suchen, wie in âbiªh im letzten Satze.

---

*) Burn. Vasista p. 29.

Kann a t i die Präp. seyn: ati, über? ªh eine
imperativische Form von as, seyn? atiªh also
ohne Flexions - Zeichen, wie âbar? Es bleibt
mir hier nichts als eine Vermuthung, wonach
ich übersetze: sit ei felicissimae fortunae impe-
rium.

23 — 24. Porter hat imª für imâm. Fehler.
imâm viζam sind offenbar Object; über das
letzte s. S. 73.

Da niraçâtiªh kein Faem. Sing. âurâ kein
Masc. Sing. seyn kann, so müssen beide Plur. seyn.
Es ist also entweder niraçâtayah zu lesen, nach
der Skt. Form der Wörter auf i, oder richtiger,
niraçâtyªh nach der Zendform. Also Thema
niraçâti. Dieses scheint aber eine andere Ableitung statt des Zendischen raçãnçtât', Ge-
rechtigkeit. aqîyªh führt auf ein Thema aqi,
oder aqî, der Nom. Plur. wie im Skt. striyah
von strî. Da añgh-vas im Zend seyend, reel,
bedeutet *), im Superlativ aber añgh-içta. V.
S. 130. hat, so wird mit dem Affix vin im Altp.
ein gleichbedeutendes Wort entstehen können.
Oder das Affix ist jenes wa, welches wir in
âônwªm annahmen, dessen Faem. aber wî. Da
die Zendwörter auf in dieses in i verkürzen:
manaqyâ von manaqi = manasvi für -vin,
so ist die Annahme eines Wortes as + vi = aqi
nicht bedenklich **).

---

*) Yaç. Not. CXIII.
**) Instrum. V. S. 36. cf. B. Obs. p. 26.

Es bleibt âbiᵃh. Ist ah, wie oben angenommen, von as seyn, hier aber Plural? und âbi für Zend aibi, aiwi, Skt. abʻi, hinzu? Die Länge des Vocals macht dieses zweifelhaft; ich habe jedoch nichts besseres vorzuschlagen. Ich übersetze also zweifelnd: vera divina iustitia adsit huic habitationi.

Niebuhr's Inschrift H.

1 — 5. Für das z in wᴬzᵃrk hat Porter 𐎼𐎼𐎼. Das t von mᵃζisᵗᵃ ist bei ihm ein m geworden, indem ein Querstrich fehlt. Sonst keine erhebliche Abweichung.

Ich lese und übersetze: âurᵃmᵃzdâ. wᵃzᵃrk. ah. mᵃζisᵗᵃ. bagânâm. aqᵃ. dârhᵃwum. kʻsâhζihᵃm. âdᵃdâ. ausʻadᵃh. kʻsʻtʻᵃm. frâbar. wᵃsʻnâ. âurᵃmᵃzdân͂gâ. dârhᵃwusʻ. kʻsâhζiᵃh. ζâtiᵃh.

Auramazdes magnus. Is maximarum felicitatum existentia donavit regem Darium. Intelligentia praeditus regnum adauxit ex voluntate Auramazdis Darius, regia progenies.

Ueber mᵃζisᵗᵃ s. S. 74. bᵃgânâm, Genitiv Plur. von bᵃgᵃ (L. B.) habe ich im Sinne des Indischen bʻaga in bʻagavat genommen. Vielleicht ist aber der Sinn: Loos, Schicksal, hier vorzuziehen.

aqᵃ nehme ich als Instrumental mit kurzem a, wie im Zend oft. Das Thema hat dann ein u und ist von as, seyn, abgeleitet, wie im Skt. asu,

Leben, Lebensgeist, im Zend a h u, a n g h u, Existenz, Welt *).

â d ᵃ d â, redupl. Perf. von d â. Ich habe das d a r e vorgezogen, obwohl â + dʿâ, erschaffen, einsetzen, ebenso gut passt. Skt. â d a d â u, Zd. â d a d a, doch wird auch wohl â d a d â vorkommen.

a u sᵃd a h. Ich habe übersetzt nach den Untersuchungen Burnouf's über uʿi d a̅ m **): der die Intelligenz bewahrt. uʿi entspricht unserm a u sʿa, und beide gehen auf v a sʿ = v a ç, zurück. Ob nicht der Begriff des W o l l e n s richtiger in unserm Worte gesucht wird? Darius, der den Willen des Ormuzd ausführte? Ich habe erst geglaubt, a u sʿᵃd ᵃh sey der Name eines Genius, Diener des Ormuzd. Dann steht aber das folgende Darius ohne einen rechten Zusammenhang.

kʿsʿtʿᵃ m. Dieses Wort, welches A. 25. herzustellen ist, habe ich erklärt, wie oben â kʿs t â. Warum es mit einem 𝍦 geschrieben wird, weiss ich nicht anzugeben.

5—7. d â r hᵃw u sʿ. kʿs â h ç iᵃh. i h â. d a h â u sʿ. p â rᵃç. t h â m. m a n â. â u rᵃ. mᵃz d â. f r à b a r.

Darius, rex huius terrae Persicae. Eam per me evexit Auramazdes.

Das Wort d â r hᵃw u sʿ ist bei Porter ganz zerstört; Niebuhr hat es richtig. i h â hat Porter in ➤̈𝍦 𝍦𐄂 ➤𝍦 verwandelt. Das erste Zeichen ist mit dem Worttheiler des vorhergehenden Wor-

---

tes beschwert worden; das m ist durch eine falsche Stelle des Querkeils entstanden. Wir sehen aus diesem und einigen andern Beispielen, dass das Altp. hâ auch auf Faem. Genitive der Wörter auf i ausdehnt. Dieses weicht in der That sehr vom Sanskrit und Zend ab. Von i haben wir nur ausser diesem sichern Beispiel noch umᵃrtihâ H. 9. und buᶜmihâ A. 12. L. B. 8. Also nicht blos Pronominalia. Ich halte es für die masculine Endung hâ, die nach einer falschen Analogie auf das Faem. übertragen wird. i ist natürlich das Pronomen i im Zend und Sanskrit. pâraç scheint unflectirt zu stehen; das vorhergehende Wort hat das Casuszeichen. Da wir pâraçᵃm-çâ gefunden haben, so wird wohl der Völkername flectirt seyn, der Name des Landes vielleicht nur in einzelnen Fällen. mᵃnâ nehme ich als Instrumentalis. frâbᵃr s. oben âbᵃr. fraḫĕrĕta steht gerade ebenso Vend Sad. p. 129.

7 — 11. upᵃçtâ habe ich hergestellt nach Z. 13. Niebuhr giebt nur ⧩ für das p, bei Porter ist die Lücke vollständig geworden. Dann hat Niebuhr p für t. Ist ⧩ für ►⎮⧩? qᵃçpâ = Skt. svaçvâ, canis suus? Aber wie zu erklären?

aṅghâ. nibâ upᵃçtâ. umᵃŕtihâ. wᵃśnâ. âuramᵃzdẫgâ. manyâ. dârhᵃwauś. ḱśâhƺihᵃ̃ghâ. ayâ ânihᵃnâ.

Ei sit cultus propitio. Ex voluntate Auramazdis ex mente Darii regis (sint preces?).

aṅghâ, Genitiv, auf den sich umᵃrtihâ bezieht. Ich erkläre marti aus mĕrĕ ═ स्, smri, sich er-

innern *); u -statt h u, siehe oben S. 123.
Also: sich erinnernd, wohlwollend. Jedoch die Erwägung, dass das p in - çpá selbst
bei Niebuhr deutlich ist, lässt mich zu der Vermuthung qᵃçpâ zurückkehren. bâ ist sey; siehe
Burnouf Y. p. 411. und V. S. S. 136. in der Formel yat. bâ. paiti. ni ist dann Präepos. ayâ.
ân. scheint glüchliches Gedeihen zu bedeuten und das Ganze Ein Satz: ihm sey Gedeihen,
aber wem? Wahrscheinlich dem Lande oder dem
Perservolk. Die Instrumentale mit ihren Genitiven: „nach dem Willen des Ormuzd, durch die
Intelligenz des Darius" fügen sich dieser Auslegung leicht. Auch die Stelle I. 20. wenn ah, sey
bedeuten kann: potentia numinis sit processus
faustus. qᵃçpâ kann auch Inst. seyn, aber dann
ist zu theilen: q-açpâ, bono equo; geht dies auf
das Orakel des Darius? wer ist aber dann umᵃrtihâ? und wie ist es mit dem Uebrigen zu ver-
binden?

11—12. Für das ç am Ende Z. 11. hat Porter nur ᛁ. Es kommt das Wort in einer andern
Form im Zend vor: tarçtô. V.S.42. **). tarç-
tâi. zaotᴿô. harĕnâi S. 98. Beide Stellen beweisen mir das Vorhandenseyn der Wurzel im
Zend, nicht die Bedeutung. Eine Wurzel तृश् ist
nicht im Skt., wenigstens in dieser Form. Ich
muss also tᵃrçiᵃh, gebildet wie âdᵃrsïᵃh, unerklärt lassen.

*) S. Y. Not. CXLII flg..   **) S. Kleuker. I. 83. 163.

11

Auch nih oder niah ⚏ ⚏ ⚏ ist mir unklar. Wenn ni, wie in nibâ, Präpos. wäre, so
liesse sich ah fassen, wie in âbiah. atiah; siehe
oben S. 156. Sit — nobilis Darius rex. Doch ist
dieses alles zweifelhaft.

13—16. viçibisʿ stelle ich her aus Niebuhr;
bei dem das ⚏ schadhaft ist. Porter hat dafür
nur ⚏[ ] und d d für v. bagibisʿ steht deutlich am
Ende dieser Inschrift; hier fehlt bei beiden das
g, welches aber gerade die Lücke ausfüllt. In
dañghâum hat Porter das d nicht mehr gefunden.

manâ. âuramazdâ upaçtâm. bartʿaqa.
adâ. viçibisʿ. bagibis. utâ. imâm. dañghâum.
âuramazdâ. pâtʿaqa.

A me accipe, o Auramazdes, cultum heic felici-
bus palatiis; et tuere, o Auramazdes, hanc terram.

âuramazdâ ist beide Male Vocativ. Die
Imperativ Endungen qa sind im Skt. sva, Zend
ñguha für ñghva; S. oben S. 88. pâ, wie bar,
nehmen beide das tʿ, wie im Zd. frî, dâ; ob
also alle vocalischen Wurzeln im Altp. diesen Zusatz annehmen? Wir haben nachher auch dâ-
tʿaqa. — bagibisʿ wird von dem Adjectiv bagin
seyn, da wir oben baga in bagânâm hatten.
Ich habe die Worte so verstanden: „Nimm an die
Huldigung, die dir dargebracht wird durch die Er-
richtung von Gebäuden zu deiner Ehre." upaçtâ
findet sich V. S. 48. und gerade mit bĕrĕ,ʿ tragen,
bringen, verbunden, wie hier. Die Bedeutung
habe ich aus dem Skt. genommen: upastʿâna,
Dienstleitung, Huldigung; Wilson hat diese

Bedeutung vergessen und giebt nur upast̕âtri,
Diener. Wenn der Instrumentalis im Sinne
des Locativs im Altp. stehen könnte, so würde
ich vorschlagen, die erste Bedeutung von upa-
st̕â zu nehmen, Nähe, Hinzukunft. Trage
deine Gegenwart hieher in diese Palläste, die dadurch beglückt werden, und schütze das Land.
ɩ6 — ɩ8. Von den hie̓r folgenden Worten,
die zum Theil sehr gelitten haben, ist es noch
möglich, die richtigen Lesarten herzustellen. Bei
den letzten, die ich nachher hinzufügen werde,
ist dieses unmöglich. Das von mir gesetzte letzte
Wort daⁿghâum hat das, m nicht mehr, das u
lässt sich noch erkennen. I. 24. haben wir dieselbe
Reihe, wodurch âbiᵃh. ᵎimâm. daⁿghâum gesichert ist. Im vorhergehenden steht dreimal ayâ,
jedes Mal mit einem verschiedenen Beiwort. Das
Wort ayâ selbst ist das erste Mal ganz erhalten
bei Niebuhr, sonst nicht. Ich halte mich bei der
Aufzählung der ausgefallenen Striche nicht. auf.
Das erste Beiwort ist bei Niebuhr 𒀀 𒀀 𒀀 𒀀
𒀀 𒀀 𒀀 Bei Porter fehlt das h. Unten, wo
das Wort wiederkehrt, Z. ɩ9. hat Niebuhr nur
𒀀 [ ] 𒀀 𒀀 𒀀 Das 𒀀 ist zwischen a und n
verwischt. Gehört nun aber oben hâ zu dem
Worte? oder ist ein Worttheiler zwischen beiden
ausgefallen, wie Niebuhr anzudeuten scheint, und
hâ ein besonderes Wort? hâ, Zd. hâ, Skt. sâ,
wäre diese. Da die übrigen Beiwörter nicht diesen Zusatz hâ haben und aina unten auch nicht,
so ist es wohl ein besonderes Wort. aina wäre

Zd. aênâ, und dies könnte entweder das Pronomen एन seyn (एनं, ênam), oder ein Appellativ; aênaoiti, also aên aus in bedeutet im Zend: tadeln *). Ich finde das Wort im Sanskrit mit entgegengesetzter Bedeutung: ênâ agnim-âhuve, cum laude Agnim invoco **); also ein Wort ên mit der Bedeutung von αἶνος, Beifall, während ênas im Sanskrit Tadel und Sünde bedeutet, wie das Zendwort. Wenn nun unser ainâ dazu gehört, welchen Sinn hat es?

Das zweite Beiwort ist d'is'ihârâ; so hat N. hier und unten ihâr- deutlich. Für den Anfangsbuchstaben giebt er dort r, d. h. ⟨ᗮ, es hat aber Porter ⟨ᗮ und Niebuhr hat den Winkelhaken nicht erkannt. Ueber das dritte Beiwort giebt uns Porter auch wohl das rechte: ⟨ᗮ ⟨ᗮ ⟨ᗮ ⟨ᗮ ᗮ. Bei Niebuhr ist der Winkel des g halb zu einem Worttheiler gemacht, halb verschwunden. Unten ist die letzte Sylbe ganz verstümmelt.

Das Gebet wird also seyn, dass Segen über das Land komme von dreierlei Art; von welcher, kann ich nicht erklären.

Die letzten Worte Z. 18—24. sind so verstümmelt, dass nichts mehr, als einzelne Ausdrücke sich erkennen lassen.

Porter hat die beiden letzten Zeilen ausgelassen und giebt auch von den andern weniger, als

---

*) Yaçn. p. 432.
**) Rosen, Rigv. p. 20. 1.

Niebuhr, ich führe dieses nur an, weil man daraus sieht, dass er eben dieselbe nur schadhafter
gewordene Inschrift vor Augen hatte.

Ich erkenne unter diesen Wörtern nur den
Accusativ âur^am^azd^am, den Vocativ - mazdâ,
den Imperativ·udât'^aqa, den Instrum. Plur. bagibis', dreimal die Partikel mâ, und âd^am nebst
âd^at.

Inschriften des Xerxes.

Niebuhr's G.

Ich halte mich bei dieser nicht auf, da alle
Wörter auch sonst vorkommen. Es ist nur ein
Fehler in Niebuhr's Abschrift, Z. 1. ⟨≽ für ⟨⊱
im·Namen des Xerxes.

k's'hârs'â. k's'âhς i^ah. w^az^ark. k's'âhς ia h.
k's'âhς ihânâm. dârh^awaus'. k's'âhς ih^añghâ
put'. ak'âm^anis'i^ah.

Xerxes, rex magnus, rex regum, Darii regis
filius, Achaemenius.

Niebuhr's A.

Ich nehme diese zuerst vor, weil sie uns die
Gelegenheit giebt; einen grossen Theil der Le
Brun'schen im voraus zu emendiren. Der Anfang
fehlt und ist aus Le Brun zu suppliren. Nämlich
Z. 1. ist m. âdâ. m^artih^añghâ. auszufüllen;
diese drei Worte hangen mit dem vorhergehen-

den zusammen und Ormuzd ist das Subject, worauf sich das a h, er. Z. 2. bezieht.

Die vier ersten Zeilen sind von Porter ausgelassen. Da Niebuhr's Zeilen nur die halbe Länge derer der Le Brun'schen Inschrift haben, sieht man, dass fünf Zeilen vor Niebuhr's erster zerstört worden sind. Niebuhr muss aber die Zeilen gegeben haben, wie er sie fand; Porter hat sie ebenso. Z. 3. steht 𒀭 fehlerhaft für 𒀭 im Accus. von k͛sâhᶎiᵃh. S. Z. 5. Z. 4. u. 5. muss 𒀭 hergestellt werden, und im ersten Worte das n, welches zerstört ist. Z. 5. init. setzt Porter 𒀭 für 𒀭 und 𒀭 für ⊢𒀭. Z. 6. ⊢𒀭 s. oben S. 135.

ah. k͛shârs͛âm. k͛sâhᶎihᵃm. âônus͛. âiwᵃm. ps͛unâm. k͛sâhᶎihᵃm. âiwᵃm. ps͛unâm. frᵃmâtârᵃm.

Is (Ormuzdes) Xerxes regem constituit, felicem bonorum regem, felicem bonorum rectorem.

Ueber frᵃmâtârᵃm s. S. 50. âiwᵃm betrachte ich als eine Ableitung von ayâ, durch Augment des Wurzelvocals und das Affix wa, welches wir auch in âônwᵃm fanden. Ob nicht in beiden Wörtern ᵃwᵃ zu lesen? Eine andere Ableitung, wofür ich aber in der Inschrift keinen Grund finde, liesse sich aus âyus (आयुस्), âyu (आयु), langes Leben, versuchen.

6 — 16. Niebuhr liest âdᵃm für âim. Da auch Le Brun (Z. 6.) das erste hat und auch in der Inschrift des Ochus so stand, wird so zu le-

sen seyn. Z. 7. Porter hat ⟩- für ⟩⟨- in k'śhârśâ.
Z. 8. liesst er waʐarśâ, offenbar eine Ungenau-
igkeit, er hat das śâ aus Xerxes hieher verpflanzt.
Dann 𝕸 ⟨≻⟨ ⟩⟨- 𝕸 ⟩⟨- 𝕸. So auch Le Brun
Z. 7. Die übrigen Varianten sind einfache Aus-
fälle von Strichen.

âdᵃm. k'śhârśâ. k'śâhʑiᵃh. waʐark. k'śâhʑiᵃh. k'śâhʑihânâm. k'śâhʑiᵃh. dan͂ghu-
nâm. p'śuwaʐnânâm. k'śâhʑiᵃh. âaihâhâ.
buᶜmihâ. waʐarkâhâ. d'uriᵃh. âpyᵃh. dár-
hᵃwausᶜ. k'śâhʑihᵃn͂ghâ. put'. ak'âmᵃnis-
iᵃh. ʑâtiᵃh.

Posui Xerxes, rex magnus, rex regum, rex
populorum bene parentium, rex existentis orbis
terrarum magni, sustentator, auctor, Darii regis
filius, Achaemenia progenies.

p'śuwaʐna ist eine Zusammensetzung von
p'śu, gut, und waʐna, welches wahrscheinlich
von Skt. vah, Zd. vaz, tragen, bringen ist:
die den Tribut bringen.

Ueber buᶜmihâ siehe S. 84. über den Genitiv S. 160. âaihâhâ hat zwei Auctoritäten gegen sich; ich habe meine Uebersetzung nicht sowohl auf eine beider Lesarten gegründet, als auf
die im Zendavesta so häufige Phrase: existirende
Welten, O Herr der existirenden Welten *),
dâtarĕ, gaêťanãm aꞔtvaitinãm. â im Anfange des Wortes mag die Präpos. seyn, im Sinne
von adest. aihâ-führt auf ein umgestelltes i: es

---

*) Vend. Sad. Frgd. II. init. etc.

ist etwa ein Substantiv aṅgha, seyend, Faem.
aṅghi, anzunehmen, und der Genitiv Faem. fügt
ein â vor der Flexion hâ ein, wie wᵃzᵃrkâhâ;
also aṅghiâhâ = aihâhâ. Das i verhindert natürlich die Nasalirung des a. Ueber die Lesart wage
ich nicht zu entscheiden; es ist eben so erklärlich,
dass 𒌋 nach 𒌋 übersehen worden, als dass es nach
𒌋 sich den Augen irrthümlich wiederhohlte. Nur
eine vollständigere Kenntniss der Astpers. Grammatik kann die Frage erledigen. dᵘriᵃh habe
ich erklärt nach dem Sanskrit dᵘrya, Träger. So
in der feierlichen Anrufung Malati Mâdh. Act. I.
prolog. 3. Es bedeutet auch Minister. Hier
wohl Träger des Reichs oder Beauftragter Gottes.

âpyᵃh, kann wohl nur von âp, erwerben,
herstammen, der Vermehrer des Reichs.

16—21. Z. 19. liess Porter 𒌋 𒌋 𒌋. Ich vermuthe dass auch das erste 𒌋 in 𒌋 verwandelt werden muss. Z. 20. hat Porter 𒀭 (𒌋 𒑰 ➤𒅆) für
𒌋, worüber siehe unten.

Aus dem Ausdruck tamihᵃ, der mir nichts
anderes als diesen da scheint bedeuten zu können, schliesse ich, dass kᵃrtᵃm etwas seyn muss,
worauf die Inschrift direct hinweisen konnte. Und
wenn wir uns erinnern, dass karta oft in Persischen Namen für Burg, Feste, vorkommt, so
scheint es kaum zweifelhaft, dass dieses Wort hier
sich findet für die Palläste. Zadrakarta =
kṣaᶜtrakarta, Königsburg; Tigranocerta, Ti-
granes-Burg. So wird es auch pârᵃçakarta,
Perserburg, geheissen haben. Es kommt das Wort

in diesem Sinne im Sanskrit nicht vor und mag daher das Semitische קרה, seyn. Da wir unten Z. 22. mâm, mich, finden, so ist nicht zweifelhaft, dass Xerxes hier in der ersten Person spricht und da das Verbum in idâ liegen muss, aber nur die erste und dritte Pers. Sing. Perf. red. gleich endigen, so lese ich 𐎠 𐎠 𐎠𐎠𐎠, wie oben âdᵃdâ H. 3. Also: ich setzte. tᵃh. manâ scheint zu heissen: dieser ich. Ich würde freilich vorziehen für tᵃh einen Accus. zu haben, der auf kᵃrtᵃm ginge; mᵃnâ stünde dann, wie oben, für einen obliquen Casus: ich setzte mir diesen. Auch ist es unerwartet für sa, (sah) den Nom. Masc. tah zu finden, obwohl sein Vorkommen, sobald mehrere Beispiele hinzutreten sollten, nichts unerlaubtes darbieten würde. Da im Skt. सः, sah, auch mit ersten Personen des Verbum verbunden wird, wie sô'ham, ich dieser, habe ich so übersetzt, und mᵃnâ als Dativ genommen.

âpᵃtᵃrᵃm oder âptᵃrᵃm ist ein Beiwort des zweiten kᵃrtᵃm, wird sich also auf die Oertlichkeit beziehen. Ich denke, es wird abgeleitet seyn, wie uttara, also von apa, im Skt. und Zd. fort, von. apâkhtara im Zend bedeutet nördlich*), also dieselbe Ableitung von apâk, wie hier von apa, wenn unser âpᵃ dieses ist. Da nun apâk' und avâk' sich entgegengesetzt sind **), so scheint im folgenden âwᵃ mit derselben Verlängerung

---

*) Yaç. N. CXI.
**) Y. l. c.

ava zu liegen. diçᵃm wäre von diç, Weltgegend. viçᵃm scheint mir nicht so sicher, weil
wir sonst viς haben. âwᵃdiçᵃm könnte also
heissen: in der südlichen Weltgegend, nach Süden, gelegen. Wie sind aber beide Beiwörter zu
vereinigen? die nördliche Burg auf der Südseite?
Dieses ist nur Vermuthung und es wäre möglich,
dass das Verbum wechselte und âwᵃdiçᵃm eine
1ste Person wäre: ich legte den Plan (diç,
δείκνυμι). Dann wäre wohl âwᵃviçᵃm, ich be-
wohnte (viç, intrare, habitare) vorzuziehen. Es
ist allerdings schwer zu glauben, dass Porter aus
𐎹 ein 𐎺 gemacht, eher dass Niebuhr das Kreuz
nicht klar erkannt hat. Doch hievon abgesehen,
kann âptᵃrᵃm, wie apara im Skt. genommen
werden: secundus, alter. Die Altp. Form. hätte
nur die vollständige Comparativ-Form tara, das
Skt. die kürzere ra. Nach dieser Vermuthung
habe ich übersetzt. âurᵃmᵃzdâ hat am Ende
ein â verlohren, sey es, weil ein â folgt, oder Fehler unserer Abschriften. Ich lese:

k͛s͛hârs͛â. ks͛âhςiᵃh. wazᵃrk. tᵃh. manâ.
kᵃrtᵃm. dadâ. utâ. tamihᵃ. âptᵃram. kartᵃm. âwᵃ. diçᵃm. was͛nâ. âurᵃmᵃzdân͂gh (â).

Xerxes, rex magnus, ille (ego) mihi palatium
posui. Tum hoc ibi alterum palatium meridiem
spectans, ex voluntate Auramazdis.

22—25. Z. 23. hat Porter für z 𐏐. Das Wort
am Ende Z. 24. stelle ich nach den Ueberbleibseln bei Porter ➤ ⊱ her: 《《(𐏁) ⦰ 𐎹 ▸𐎹𐎹, wie es
H. 3. steht.

âônwᵃm. mâm. âuramᵃzdâ. pâtᵃqᵃ. adâ. bᵃgibis̓. utâmihᵃ. k̓s̓tᵃm. utâ. tᵃmihᵃ. kᵃrtᵃm.

conditorem me, o Auramazdes, tuere heic felicitate, tum hoc regnum, tum hoc palatium.

Ich halte utâtamiha (⟨𒀀 𒁹 𒐊 𒑲 𒀀 𒁹 𒐊 𒌋 𒐊⟩) für die wahre Lesart Z. 24. und die unsrige für einen Fehler. bᵃgibis̓, wie oben, muss Instrumentalis Plur. seyn, aber des Nomens auf a, L. B. 1. H. 1. Das Altpersiche gebraucht also auch hier den Bindevocal i und elidirt a.

Es fehlen wahrscheinlich zwei Zeilen, die bei Le Brun sich in Einer finden.

Le Brun's No. 131. Tom. II. 272.

Ich setze diese Inschrift her mit den Verbesserungen, die sich aus der Vergleichung mit den andern ergeben; wo diese sicher sind, bemerke ich nichts, als die fehlerhaften Zeichen selbst, denen ich hier als Varianten eine Stelle angewiesen; wo meine Aenderungen den Sinn betreffen oder zweifelhaft sind, habe ich Rechenschaft in den Anmerkungen gegeben.

Varianten.

1. ⟨𒀀 𒁹 𒐊 𒑲 𒀀 𒁹 𒐊⟩ = mᵃz. Auch ⟨𒁹⟩ für beide m in imâm, in buvᵃm und

öfters. 2) ⟪ für ⟨⋝⟨. — [cuneiform] [cuneiform] [cuneiform] . — [cuneiform] [cuneiform] [cuneiform] [cuneiform] am Ende. 3) Für a h: ⟪⊦⟨⟪. — Die übrigen Fehler dieser Zeile sind ohne Bedeutung. 4) Für ô = ⟨⟨ ⟨⊦[cuneiform]. — für w = ⊱⋝, für p = [cuneiform]. 5) Da diese Wörter alle sicher stehen, gebe ich die Fehler nicht an. — 6) Aus dem r in k^{c}sʻh. und w^{a}z^{a}rk ist ⋝⟨ geworden. Für das zweite n^{a}h steht ⟨⋝⟨ ⟩⟨⟨, es fehlt aber der vorhergehende Worttheiler. Für das letzte: ⋝⟨ ⟩⟨⟨, wo wieder der Worttheiler in ⟨ vergrössert ist. 7) Für p steht [cuneiform], für wz ⊱⟨⋝⟨ ⟨⟨. 8) init. ⟨⟨⟨ für u, für dᶜ = ⟨⋝⟨, für p = [cuneiform], für r zweimal ⋝⟨. 9) Für p in put^c = [cuneiform], für t in çâti^{a}h = ⋝⟨⟨. 10) Das w in w^{a}z^{a}rk ist wiederhohlt: ⊱⟨⋝ ⊱⟨⋝. Am Ende [cuneiform] [cuneiform] ⟨⋝⟨ ⊱⟨⟨ und im Anfange von 11) ⊱⟨⟨⟨. Siehe unten. 12) Init. [cuneiform] für p. Dann fehlt r in âura, dann dât^{c}aq a. 14) Init. [cuneiform] [cuneiform] [cuneiform] [cuneiform] ⟨ (für [cuneiform] ⟨) 15) [cuneiform] für p.

———————

1—5. bag^a. waz$^{\textit{a}}$rk. âuram^{a}zdâ. ah. imâm. buv^{a}m. âda. ah. âw^{a}z^a. âçmân^{a}m. âdâ. ah. m^{a}rtih^{a}m. âdâ. ah. sʻihâtim. âdâ martih^{a}n͠ghâ. ah. k^{c}sʻhârsʻâm. n^{a}h^{a}m. âônus^c. âiw^{a}m. psʻunâm. n^{a}h^{a}m. âiw^{a}m. psʻunâm. fr^{a}mâtâr^{a}m.

Felicitate magnus Auramazdes. Is hanc terram creavit, is coelum excelsum creavit, is mortales creavit, is fata mortalium creavit. Is Xerxem regem constituit felicem bonorum regem, felicem bonorum rectorem.

Die beiden ersten Wörter bilden ein tat-
puruṡa. — Ueber buvam s. S. 127. Skt. b̓u-
vam. -âwᵃzᵃ ist gewiss verwandt mit âwᵃs̓iyᵃh
Z. 2. Hier ist vielleicht âwᵃz zu lesen, so dass
s̓ in z vor dem folgenden Vocal übergeht. Als
Beiwort des Himmels und des Ormuzd kann es
mit ava, nieder, schwerlich verwandt seyn od.
diese Präposition müsste im Altp. gerade die ent-
gegengesetzte Bedeutung haben. Ich habe es ver-
muthungsweise übersetzt. âçmânam, der Form
nach Skt. açmânam, Zd. açmânĕm (V. S. 79.)
S. Burnouf's Yaçn. N. p. V. — mᵃrtihᵃm lässt
sich herstellen aus dem folgenden Genitiv desselben Wortes. Ueber den Accus. s. S. 142. s̓ihâ-
tim. Die Bedeutung geht aus dem Zusammenhange hervor. Ich halte hâti für das Zendische hâiti, Seyn *). s̓i lässt sich vergleichen mit dem Indischen k̓s̓i, Wohnung, vielleicht
Erde, wie k̓s̓iti, Erdenseyn, wofür im Zend
s̓iti steht **). Die Uebersetzung lässt sich also
auch etymologisch rechtfertigen. nᵃhᵃm. Ueber
die Flexion ist schon oben gesprochen. Die Bedeutung ist gewiss König, denn es steht gerade
an der Stelle von k̓s̓âhçiᵃh, überall wo es vorkommt. Es ist kein besonderer Titel des Xerxes;
auch Darius brauchte ihn, siehe das Fragment
bei Le Brun 133. Z. 3. wo diese Worte klar sich
entziffern lassen, wenn man die Zeilen umstellt:

---

*) Y. S. 94. V. S. 67. hâitîm.
**) Y. p. 277.

dârhᵃ]wusᶜ. nah. wazᵃrk. vi]s̓tâ]çpaⁿ̃ghâ.
putᶜ. akâmᵃnisi]ᵃh. Doch wird es wohl eine
Nebenbedeutung haben. Wenn, wie ich glaube,
dass Thema na ist, würde ich es vergleichen mit
der Wurzel nâ im Zend, für das Skt. nî, führen,
woher nâtᶜ, wie dᵃtᶜ, frîtᶜ, u. s. w. V. S. 142.
kamĕrĕd̓ĕm vînâtᶜayen, „sie mögen den Gürtel abnehmen." na verkürzt aus nâ, Führer? Die
Vermuthung Grotefend's, es sey ein compendium
scripturae, hat nichts für sich.

5 — 10. âdᵃm. k̓s̓hârs̓â. nᵃh. wazᵃrk.
nah. nᵃhânâm. nah. daⁿ̃ghunâm. ps̓uwᵃz-
nânâm. nah. âaⁿ̃ghâhâ. buᶜmihâ. wazᵃrkâ-
hâ. d̓uriᵃh. âpyᵃh. dârhᵃwausᶜ. nᵃhaⁿ̃ghâ.
putᶜ. akᶜâmᵃnisiᵃh. çâtiᵃh. k̓s̓hârs̓â. nᵃh.
wᵃzᵃrk. wᵃs̓nâ. âuraⁿ̃ghâ. mᵃzdâⁿ̃gâ.

Posui Xerxes, rex magnus, rex regum, rex
populorum bene parentium, rex existentis orbis
terrarum magni, sustentator, auctor, Darii regis
filius, Achaemenia progenies. Xerxes, rex magnus,
ex voluntate Auramazdis.

Da im Zend ahuramazda beide Wörter
flectirt werden können, und Le Brun âurah
hat, so ist wohl meine Ausfüllung sicher. Nur
wird vielleicht das Altp. beide Vocale in andern
Fällen contrahiren und nur einen schreiben, wie
oben A. 22. der Fall war. Ich habe das â eingeklammert.

Le Brun hat dann eine Zeile ausgelassen; mᵃz-
dâⁿ̃gâ war vollständig ausgeschrieben Zeile 10.
Das ►〒 muss ein Schreibfehler für 〒〒, d. h. 〒〒〒,

seyn. Das m im Anfange der nächsten deutet einen Accusativ an, der von âônus regiert war. Auch fehlt das Verbum und Object zu Xerxes Z. 10. Es wird etwa gestanden haben: imᵃm. kartᵃm. dᵃdâ. utâ. tamihᵃ. kᵃrtᵃ]m. oder tî-rᵃ]m, hoc palatium posui. Hoc autem, etc.

11—15. m. ak'is'. dârhᵃwus. nᵃh. âônus'. ah. mᵃnâ. pit'â. mâm. âurᵃmᵃzdâ. pât'aqᵃ. adâ. bᵃgibis'. utâ tamihᵃ. kartᵃm. utâ. tamihᵃ pit'. dârhᵃwaus'. nᵃhᵃn͠ghâ kᵃr-tᵃm. âwᵃs'îyaḥ. âurᵃmᵃzdâ. pât'aqᵃ. adâ. bᵃgibis'.

(palatium) domitor Darius rex constituit. Is meus pater. Memet tuere, Auramazdes, heic feli-citate; tum hoc ibi palatium, tum hoc patris Darii regis palatium, excelse Auramazdes, tuere heic felicitate.

pit'â, Skt. pitâ, Zd. paita͞ oder wohl rich-tiger auch pitâ, Vater, gründet sich auf eine Emendation (≡ für 🔾), die wohl aber sicher ist. Es ergiebt sich daraus, dass wir Recht hatten, pit' zu lesen, warum aber dieser Genitiv flexionslos geworden, ist schwer zu sagen. Was put' betrifft, welches auch für den Nominativ vorkommt, so ist dieses noch unerklärlicher. Die Emendation mâm für tâm, welches ohnehin thâm geschrieben wird, H. 6. gründet sich auf A. 22. Der Vocativ âwᵃs'îyᵃh weicht ab von Skt. und Zd. (a), doch ist es nicht gewiss, dass dieses Wort sein Thema auf a bildet. — ak'is', wobei kaum Le Brun zu-fällig a für h und s' für ᵃh gesetzt haben kann, ist merkwürdig. Das erste beweist die Schwäche des h im Anlaute, das zweite die Richtigkeit des aufgestellten Lautgesetzes über s. Wenn i a contrahirt wird in i, kehrt das ursprüngliche s wieder, als s^c.

Nachdem wir so die Inschriften durchgemustert haben, wollen wir zunächst ein Verzeichniss der darin vorkommenden Wörter aufstellen.

aid̄us^c I. 17.
ainâ (hâ) H. 16.
aus^{c}adah H. 3.
ak^{c}âm^{a}nis^{c}iah I. 6. A. 16. B. 5.
  G. 4. M. 2. L. B. 9.
aqa H. 2.
aqîy^{a}h I. 24.
ak^{c}is^c = h^{ak} iah L. B. 11.
atiah I. 22.
adâ I. 8. A. 23. H. 14. L. B.
  12. 15.
ayâ I. 20. H. 11. 16.
ayâm I. 9.
ar^{a}q^{a}tis^c I. 17.
ary^{a}wa I. 16.
ah B. 5. H. 1. L. B. 1. 2. 3.
  11. A. 2. an͞ghâ I. 22. H. 7.
âaihâhâ, ân͞ghâhâ A. 12. L.
  B. 7.
âiw^{a}m A. 3. 5. L. B. 4.
âònus^c A. 3. L. B. 4. 11. B. 6.
  âònw^{a}m A. 22.
âurâ I. 24.
âuran͞ghâ L. B. 10.

âur^{a}m^{a}zdâ A. 22. H. 1. 7. 13.
  15. L. B. 1. 15.
— d^{a}m H. 22.
— dân͞gâ I. 7. H. 4. 9. A. 21.
âk^{c}s^{c}tâ I. 23.
ât^{a}rç I. 9.
âd^{a}m A. 6. L. B. 6. H. 20. I. 1. 7.
  M. 1. âdâ A. 1. L. B. 1—6.
âdadâ H. 3. â d^{a}t. H. 20.
ânâ I. 8.
ânih^{a}nâ I. 20. H. 11. (ân^{a}yanâ?)
âpy^{a}h A. 13. L. B. 8.
âpt^{a}ram A. 20.
âbi^{a}h. I. 24. H. 18.
âb^{a}r I. 9.
ârbâh I. 11.
ârd^{a}ç^{a}tân S 75.
âr^{c}min I. 12.
âw^a A. 20.
âwaζâ (?) I. 20.
ûw^{a}z L. B. 2.
âwas^{c}îyah L. B. 14.
âçag^{a}rt. I. 15.

âcmânam L. B. 2.

âζagin S. 76.

âζurâ I. 11.

â ►Y< Y<≳ ihâ H. 19.

idâ für dadâ A. 19.

ihâ (?)' H. 5.

imâ I. 7.

imam I. 21. B. 6. imâm I. 24. H. 15. 18. L. B. 1.

utâ I. 13. 14. A. 19. 24. 25. H. 15. L. B. 13.

utâmiha (?) A. 24.

udât'aqa H. 23.

upaçtâ? H. 8. - çtâm H. 13.

umartihâ H. 9.

usçan͞ghâ I. 13.

ôs'us' M. 1.

katapat'uk I. 12.

kartam A. 18. 20. 25. L. B. 13.

kâram I. 21. kâra I. 22.

— râ I. 8.

qan͞ I. 10.

qaçpâ (?) H. 8.

qâraz'miah I. 17.

k's'âhζiah I. 1. 2. 19. A. 7. B. 2 etc.

— ζiam A. 5. H. 2.

— ζâhm A. 3. lies ζiam.

— ζian͞ghâ A. 15. G. 3.

— ζî'ânâm I. 2. A. 9. B. 2. G. 2.

k's'Hârs'â A. 7. 16. G. 1. L. B. 6.

— s'âm A. 2. L. B. 4.

k's't'am H. 2. k'- m A. 25.

gadâr. I. 18.

(g'udrâhâ?) I. 11.

tah. A. 18.

tarçiah. H. 12.

thâ I. 7. 9. 14.

thâm H. 5. (tâm siehe mâm.)

tê's'âm I. 3.

têha I. 13. 14.

thmiha A. 19. 25. L. B. 13.

dan͞ghunâm I. 3. A. 9. 10. B. 4. L. B. 7.

dan͞ghâwa I. 14.

— hâus' H. 5.

— hâum H. 15.

dârhawus' I. 1. 6.

— wum H. 2.

— waus' I. 14. H. 10.

diçam A. 20.

drhan͞ghâ I. 13.

darugâ H. 17.

d'aqis't'a I. 23.

d'is'ihârâ H. 17.

d'uriah A. 13. L. B. 8.

nah. P. L. B. 6.

naham L. B. 4. 5. (nam).

nahan͞ghâ L. B. 9. (nan͞ghâ).

nahânam L. B. 6. (n'ânâm).

nibâ H. 7.

niraçâtyah H. 12.

niah. H. 12.

parutah I. 15.

parᶻawᵃ I. 15.
pâk iᵃh I. 21.
pâtâ I. 22.
pât̒aqᵃ. A. 23. H. 16. L. B.
  12. 15.
pâracᵃ H. 6. I. 22.
— çâ I. 8. — cam I. 21.
piť L. B. 14. pitâ L. B. 12.
puť I. 5. A. 15. B. 5. G. 5.
  L. B. 9.
ps̒unâm I. 4. A. 4. L. B. 5.
ps̒uwaznânâm L. B. 7. A. 10.
framâtâram A. 6. L. B. 5.
frâbᵃr H. 3. 7.
bᵃgᵃ L. B. 1.
— gibis̒ A. 24. H. 14. 25.
  L. B. 12. 15.
— gânâm H. 1.
bart̒aqᵃ H. 14.
bâk̒tris̒ I. 16.
bâg'iᵃm I. 9.
bâbis̒us̒ I. 10.
bu̒mihâ A. 12. L. B. 7.
buvᵃm L. B. 1.
mak I. 18.
mᵃnâ I. 9. L. B. 11. A. 18.
  H. 7. 13.
mᵃnyâ H. 9. - nihâ? I. 20.

mᵃrtiam L. B. 1.
— tian̄ghâ L. B. 3.
mᵃᶻis̒ta H. 1.
mᵃzdân̄gâ L. B. 10. S. âura.
mâ H. 19. I. 21. H. 18.
mâd I. 10.
mâm A. 22. L. B. 12.
vis̒tâçpan̄ghâ I. 4. B. 4.
viᶻam I. 24.
— ᶻibis H. 13.
was̒nâ I. 6. A. 20. H. 4. 9.
  L. B. 10.
waznᵃ siehe ps̒u.
wazᵃrk I. 1. A. 8. 16. P. B. 2.
  G. 1. H. 1. L. B. 1. 7. 10.
— kâhâ A. 13. L. B. 8.
çᵃkâ I. 18,
çᵃpᵃrd I. 12.
çug̒d I. 16.
s̒ihâtis̒ I. 23.
— tim L. B. 3.
ᶻatag'adus̒ I. 17.
ᶻâtiᵃh I. 5. 18. A. 16. H.
  5. 12. L. B. 9.
zarᵃk I. 15.
hak iᵃh I. 19. L. B. 11.
hâ (?) H. 16. hân - m H 91
hunâ I. 12.

§. 9. Schluss.

Hier brechen wir für jetzt die Untersuchung ab und wenn wir es nicht versuchen, von der gewonnenen Basis aus, die Forschung weiter zu führen und auf die andern Gattungen der Keilschrift auszudehnen, so ist es vorzüglich, weil wir jetzt wissen, dass die oben ausgesprochene Hoffnung, unser Vorrath an Denkmälern möge sich vermehren, bald in Erfüllung gehen wird, sowohl für die hier behandelte Gattung, als vorzüglich für die zweite zunächst zu untersuchende. Möge nun dieser Vorrath für unsere Ergebnisse berichtigend oder blos bestätigend sich erweisen, es wird jedenfalls rathsam seyn, nur so vollständig, wie möglich, ausgerüstet, die weitere Wanderung anzutreten. Die Ergebnisse dieser Untersuchung gehen nach drei verschiedenen Seiten hin, und es sey uns erlaubt, die Gesichtspuncte kurz anzudeuten, von denen wir glauben, dass sie ins Auge gefasst werden müssen.

Erstens Palaographie. Der Zusammenhang der Altpersischen Schrift mit den andern Gattungen der Keilschrift liegt vor Augen; den Grad und die Art der Verwandtschaft kann nur ihre Entzifferung bestimmen. Doch geben die Benennung der Alten: Assyrische Schrift, die Wahrnehmung, dass die Schrifterfindung zuletzt zur

Zerlegung der Sylbe und Bezeichnung der einzelnen Laute gelangt, endlich das höhere Alter der
Assyrischen, Medischen und Babylonischen Cul-
tur bedeutsame Winke über den Ursprung der
Altpersischen Schrift ab. Dieses wäre der erste
paläographische Gesichtspunct.

Neben dieser m o n u m e n t a l e n erscheint
nach der Zeit der Achämeniden eine C u r s i v -
Schrift unter verschiedenen Formen; auf den
Griechisch-Baktrischen Münzen, auf den Monu-
menten der Sassaniden, endlich in den Zend und
Pehlevi Handschriften. Wir behaupten nicht von
vorne herein die Verwandtschaft dieser neuern
Alphabete mit dem alten; es ist aber ein wesent-
licher Theil der Geschichte der Iranischen Alphabete.

Der dritte paläographische Gesichtspunct geht
über den Euphrat westwärts und den Indus ost-
wärts hinaus, und sucht die Stellung der Iranischen
Alphabete im Verhältniss zu den S e m i t i s c h e n
und I n d i s c h e n zu bestimmen. Aber hier muss
die Forschung wieder die weitere Entzifferung der
Keilschriften abwarten, so wie wir die Indische
Schrift nicht mit der entzifferten Gattung der
Keilschrift in Beziehung auf die Züge vergleichen
wollen, ehe wir die älteste noch vorhandene Indische Schrift, die auf der Säule von Allahabad
und andern, gelesen haben. Denn wir wollen
nicht den unbesonnenen Versuch wiederhohlen,
auf die jetzige Form des Devanagari ein System
Indischer Paläographie zu gründen.

Zweitens. Geschichte der Sprachen.

Dass wir in unsern Inschriften Altpersische Sprachdenkmale besitzen und dass das Altpersische eine neben dem Zend parallel laufende
Iranische Sprache sey, wagen wir als ein sicheres
Ergebniss der Untersuchung auszusprechen.

Wie in der Arischen Sprachfamilie überhaupt sich eine identische Grundlage nach verschiedenen Radien hin in je eigenthümlicher Gestalt vervielfältigt, aber nach Gesetzen, die das
Identische in seiner Umgestaltung mit Sicherheit
erkennen lassen; wie jeder Radius sich nachher
spalten und in divergirende Richtungen zerlegen
kann: so auch innerhalb des Bezirkes, welchen
wir das Iranische Sprachgebiet benennen dürfen.

In jener alten Periode der Geschichte, als
die Verbreitung der Völker friedlicher und ruhi-
ger vor sich ging, und keine Ströme in durch-
kreuzender oder entgegengesetzter Richtung sich
an einander brachen, breiteten sich die verwandten Völker, wie breite Flüsse von ihren nahe gelegenen Quellen, bis zu den entfernten Meeren,
durch weite Länderstrecken, in ununterbroche-
ner Kette fort, wie die Arischen nach den Mün-
dungen des Ganges nnd nach den entfernten
Ufern des Atlantischen Oceans; oder sie senkten
sich, wie in ein grosses binnenländisches Meer,
stagnirend in Ein engeres Becken zusammen, wie
die Semitischen zwischen den Assyrisch-Medischen
Bergwänden und den Küsten der Meere im Süden und Westen.

In der Kette der Arischen Sprachen, in der
nur die Klein-Asiatischen uns für immer scheinen unbekannt bleiben zu sollen, bildeten die
Iranischen in der alten Zeit ein selbständiges
Glied; und noch jetzt behaupten sie diese Stellung, obwohl nicht unangefochten, seitdem aus
den glühenden Ebenen der Semiten, wie aus den
weiten Steppen Turans sich fremde Horden in
die Iranischen Thäler eingekeilt haben. Die drei
Sprachen, die mit altangeerbtem Rechte in dem
Iranischen Gebiete sich noch behaupten, Kur-
disch, Persich, Afghanisch, haben aber alle eine
gleiche Verstümmelung erlitten; ihr Verhältniss
zu den ältern, wie zu den verwandten Sprachen
der andern Gebiete zu erläutern, beruht wesentlich auf der Kenntniss der ältern Sprachen; die
neuen müssen dort ihre Erklärung suchen, können selbst keine darbieten, und es gehört wahre
Unwissenheit, oder ein angebohrener Fluch, dem
etymologischen Blindekuh-Spielen sich nicht ent-
ziehen zu können, dazu, die neuern Persischen
Sprachen in unmittelbare Beziehung zu den alten
Schwestern zu stellen.

Die jetzige Form der Neu-Iranischen Sprachen stammt aus den Jahrhunderten der Auflö-
sung, die mit den Muhammedanern hier, wie
anderswo, einbrach. Der rückwarts gewendete
Blick stösst hier auf eine Lücke, die zwischen der
alten und neuen Zeit liegt. Diese auszufüllen,
ist also eine vorläufige Bedingung einer Iranischen
Sprachgeschichte.

In der mittlern Zeit, in der Arsaciden und
Sassaniden Zeit, liegen die verbindenden Glieder
der alten und neuen Sprache. Aber hier ist unsere Unwissenheit noch so gross, dass wir weder
das Pehlevi, wie es in den Schriften der Parsen
vorliegt, noch das Pazend, noch die Sprache der
Sassanidischen Denkmale gehörig kennen.

Aber auch in der alten Zeit, ehe von Westen her die nationale Entwickelung der Iranischen Völker getrübt und gehemmt worden war,
liegt eine Aufgabe vor, die lösen zu versuchen,
unser Bestreben seyn muss, weil wir erst dadurch
den Umkreis des Altiranischen Sprachbezirks aus-
füllen: die Wiederherstellung der Assyrischen
Sprache. In den Inschriften liegt ohne Zweifel,
namentlich wenn die neuen vom See Wan hin-
zukommen, ein hinreichendes Material, um die
Grundzüge der Grammatik zu erkennen, wenn
nur erst das Alphabet entdeckt seyn wird.

Also auch für die Geschichte der Sprachen
stellt sich die weitere Erforschung der Keilschrift,
als ein Bedürfnis dar, um aus dem Nebel der
Vermuthungen in den Tag der beglaubigten Geschichte hinüber schreiten zu können. Für einen
Zweig, für das Altpersische, bieten uns die Inschriften schon erhebliche Hülfsmittel zur Darstellung der Grammatik, und ist die Masse der
Texte viel kleiner, als im Zend, so ist dagegen
die Aechtheit und die Genauigkeit unbezweifelt,
die Zeit der Abfassung sicher.

Drittens. Geschichte.

Wenn wir nach dem Gewinne fragen, den
die geschichtliche Forschung aus diesen Inschriften ziehen kann, so ist nicht zu bezweifeln, dass
wohl gerade andere Inschriften, die noch vorhanden, aber nicht copirt worden sind, einen grössern geben würden. Es lässt sich dieses von denen über den Gräbern der Könige mit Sicherheit
behaupten. Doch ist es schon für die Alterthums-
kunde eine brauchbare Notiz, so gewiss zu wissen,
dass die Prachtgebäude in Persepolis so sicher
dem Darius und Xerxes beigelegt werden können.
Auch haben diese Inschriften, als unmittelbar
von so alten Herrschern ausgegangen, selbst bei
weniger wichtigem Inhalt, ihr Interesse.

Die wichtigste bis jetzt mitgetheilte Inschrift
ist ohne Frage die, worin die Völker aufgezählt
werden. Sie wird noch in andern Beziehungen,
als oben geschehen ist, zu erörtern seyn; zuerst
wird sie mit den bildlichen Darstellungen der
Völkerschaften zusammengehalten werden müssen, die richtige und sichere Erklärung der
Trachten und der dargebrachten Tribute wird
durch die Inschrift ungemein erleichtert, und
beides zusammen, die Inschrift und die Bilder,
geben uns eines der interessantesten historischen
Denkmale des Alterthums.

Eine andere wichtige Beziehung dieser Inschrift entsteht, wenn wir sie mit dem Herodotischen Verzeichnisse vergleichen, theils um die
Art und Weise zu erkennen, wie Herodot seine

Nachrichten sammelte und bearbeitete; — und die Genauigkeit, womit er die Namen wiedergiebt, spricht mit so vielem andern für das hohe Zutrauen, welches dem alten Geschichtschreiber, als Berichterstatter gleichzeitiger Verhältnisse, zukommt; — theils um eine klare Einsicht in das Verhältniss der einheimischen Aufzählung zu der auswärtigen Griechischen Darstellung zu gewinnen.

Ich habe mich oben und hier auf blosse Andeutungen beschränkt, weil ich diese Untersuchungen für voreilig halte, so lange die vorgetragene Entzifferung nicht die Feuerprobe der Kritik bestanden und eine sichere Thatsache in unserer Gesammtkenntniss des Alterthums geworden ist.

Zusätze und Berichtigungen.

S. 136 u. 159. Die Angabe über i h â im Texte ist nicht genau genug; das ➤͠ im Anfange gehört Porter allein; das m am Ende hat auch Niebuhr; i h â ist eine Vermuthung von mir. Da h vor m vocalisirend seyn kann, so entstünde i a m = y a m (quod? quem?), und Porter's Figur gewönne das Ansehen des initialen y. Ich kann aber alsdann keine Construction finden und der verschobene Querkeil über dem Worttheiler führt mich auf i h â zurück. Das über den Genitiv der Wörter auf i gesagte, ist danach zu berichtigen; m a n i h â I. 20. kommt wahrscheinlich hinzu, so wie die Genitive Faem. auf â - h â. A. 12. 13. L. B. 7. 8.

S. 137, Z. 3. Diese Bemerkung ist irrig, Niebuhr hat gerade dieselbe Figur, wie Porter.

S. 141—143. Die Declination der Wörter auf i a fügt sich genau in die regelmässige Form ein, sobald h hier, wie es im System der Schrift erfordert wird, nach i nur Andeuter des a ist. ‹≳‹ im Innern ist nur n͠g, nicht an͠g. Das h verhindert also die Lesart im - in͠ghâ und deutet an, dass zu lesen sey: -iam, - ian͠ghâ. Vor ânâm scheint es durch das folgende â, wie im thâm, hervorgerufen. Ich lese also: îânâm. Die Formen des Wortes na hatten mir diese Einsicht benommen. Hier muss der Grund in der Einsylbigkeit liegen und ich zweifele nicht, dass nah, nam, nan͠ghâ, n͡ânâm zu lesen sey. Ich habe die berichtigten Formen im Index gegeben. Eben so soll das h gerade die angenommène Lesart ânihᵃnâ (S. 153, Z. 27. u. 160, 24.) verhindern, es ist ânᵃyanâ zu lesen, Skt. ânᵃyana, herbeiführend, wahrscheinlich glückbringend. Im Skt. heisst das Wort auch: Weihe durch die Investitur mit der heiligen Schnur. ayâ wird wohl eigentlich wie im Skt. Gang, dann guter Fortgang, Gück seyn; dann Glückwunsch, Huldigung. In beiden Stellen folgt nach dem ayâ. ânᵃyanâ nachher das prohibitive mâ, ne, dass nicht. Der Sinn jener Wörter wird daher etwa seyn: processus faustus.

S. 144. Z. 8. Für gunirte lies vriddhirte.

S. 146. Z. 8. Lies Anfang für Ende, und â für m.

Bonn, gedruckt bei Carl Georgi.

The material originally positioned here is too large for reproduction in this reissue. A PDF can be downloaded from the web address given on page iv of this book, by clicking on 'Resources Available'.

Das

Lautsystem des Altpersischen.

Von

Dr. Julius Oppert.

Berlin, 1847.

Verlag von Julius Springer.

Wie die Inschrift von Bisutun zuerst von allen Altpersischen Inschriften einen historisch wichtigen Inhalt uns darlegte, so hat sie auch der Erklärung der Sprache eine sichere Basis gegeben. So viel Verdienste auch die früheren Erklärungsversuche haben, und so gross der Ruhm ist, der den ersten Entzifferern namentlich bleibt, so ist doch das Ergebniss für die Kenntniss der Altpersischen Sprache nicht mit dem grossartigen Beitrage in eine Categorie zu stellen, den Major Rawlinson durch die Mittheilung und Erklärung der Inschrift von Bisutun geliefert hat. Es wäre ungerecht, die älteren Erklärer altpers. Inschriften nach diesen Resultaten beurtheilen zu wollen; doch können wir jetzt erst sicher über den Sprachbau des Altpersischen urtheilen, ohne in jene Abenteuerlichkeiten verfallen zu dürfen, mit denen eine scharfsinnige Willkür uns noch vor kurzer Zeit beschenkt hat. Doch sind auch durch die letzten Arbeiten in diesem Gebiete keineswegs alle die Fragen, die als Grundprincipien jeder Sprachwissenschaft geltend gemacht werden, gänzlich beseitigt; so ist noch im Alphabete manches unklar geblieben, da von vorn herein durch ungenaue Bestimmung der Laute Verwirrung in das einfache Lautsystem des Altpersischen gekommen ist.

1 *

Verfasser dieses, obwohl ein Neuling in der Wissenschaft, wagt es, zu der genaueren Feststellung der Laute
sein Scherflein beizutragen.

Die beiden andern complicirteren Gattungen der Keilschrift sind Silbenschriften; es liegt so der Gedanke
sehr nahe, dass auch die Altpersische Schrift sich aus
einer Syllabarschrift entwickelt habe. Dieser so nahe-
liegende, so oft geäusserte Gedanke ist jedoch nicht so
ausgebeutet, als er seiner Wichtigkeit nach es verdiente.

Schon bei den ersten Entzifferungsversuchen fand
man für einen, in den verwandten Sprachen auch nur
durch einen Buchstaben vertretenen, Laut zwei Zeichen.
So fand man neben washná, vitham (nach Rawl. Bezeichnungsweise), neben arm′ina, mâm, und nahm auch
natürlich für die verschiedenen Zeichen verschiedene
Laute an. Man sah schon, dass dieses oder jenes Zeichen nur vor diesem oder jenem Vocal vorkomme, man
bemerkte, dass in der Artaxerxes-Inschrift 35. die erste
Silbe des Namens Mithra allein mit einem Zeichen m
geschrieben sei, das man auch in arm′ina vor i habe;
doch gab man dieser von Fehler wimmelnden Inschrift
weniger Gewicht, als sie in diesem Falle es wirklich
verdiente; das Zeichen bedeutete wirklich mi. Etwas
ähnliches zeigte die Inschrift v. Bisutun. Hier findet
sich bekanntlich die erste Silbe der mit vi anlautenden
Formen mit dem einfachen v R. geschrieben, was, obgleich Varianten in Menge vorhanden waren, Rawlinson
noch für vă las.

In einer andern Schriftperiode als der, die uns vorliegt, mögen mehrere solche Silbenbezeichnungeu be-

standen haben. Ausser der Bezeichnung der Silbe vi haben wir in der Inschrift von Bis., in der uns bekannten ältesten, noch eine ähnliche Bezeichnung der Silbe ku, durch kh, im Namen Nabukha drachara, wie R. schreibt, doch kommt noch Nabukhudrachara geschrieben vor. Ausserdem noch im Namen der Stadt Gudurus, ferner in R. Sughda, wofür aucn Shuguda vorkommt N. R. 23., hier lehrt das Griechische, dass der Vocal schon bald nicht mehr gehört wurde. khu, gu, du sind sämmtlich durch ein Zeichen gegeben. In allen andern Fällen ist die Silbenschrift durch Hinzufü_ung des ursprünglich dem Zeichen inharenten Vocals zu einer Buchstabenschrift gemacht worden.

Es giebt eine ganze Reihe von Consonanten, die nur vor einem bestimmten Vocal vorkommen; bisher fasste man sie als Aspirationen, die durch den Einfluss eines folgenden Vocals hervorgerufen sein; so Lassen, Holtzmann, Rawlinson. Wir wollen die Zeichen einzeln durchgehen, und sie einer genaueren Prüfung unterwerfen.

Das erste Zeichen R. k kommt nur vor vor a und i; auch ist letzteres nicht ganz erwiesen, doch wahrscheinlich. adakiya (R) kann hier nichts beweisen, da dieses anders zu lesen ist. Ausserdem kömmt R. kufa vor. Hier haben wir nun das sichere Zeichen für einen vocalischen Laut, den wir noch sehr spärlich im Altpersischen kannten; wir lassen das a inhäriren und lesen kaufa, kôfa, wozu Benfey auch das pehl. kof anführt.

R s. kh, Lassen's q, ist nun das einfache k, welchem u inharirt, das deshalb in der jetzigen Schrift nur vor

u vorkommt, wir lesen es beispielsweise in Kurus, Ku-
ganaka, akunaus, welches letztere Wort, von kar kom-
mend, seine Identität mit dem ersten k bewährt. Benfey's Erklärung als ein durch u modificirtes k kann mich
nicht befriedigen, da ich dem Vocal überhaupt nicht die
Kraft zusprechen kann, den vorhergehenden Consonanten
zu modificiren. Die Erscheinungen, die die desorganisir-
ten romanischen Sprachen uns darstellen, kommen hier
nicht in Betracht, sie haben andere Ursachen.

Aehnlich verhält es sich mit dem g, auch hier haben
wir ein gewöhnliches g vor a und i. R. g. Auch hier
steht das i nicht fest, da R. githâ vielleicht gaiťâ =
gêťâ ist. Möglich wäre, dass das R. j, das nur vor i
vorkommt, ein g sei, doch bis jetzt noch nicht wahrscheinlich, da dann der Name Kabug'ija, wohl Gr. nicht
$Καμβύσης$ ausgedrückt worden wäre. Ausserdem kommt g
scheinbar vor vor u, in Gumâta, Gubruva, den Verbis
gub und gud, in gusa, das Ohr; wo aber sämmtlich ein
a inhärirt, Gaumâta, Gaubruva (Gôbruva = gr. $Γωβρύης$)
gausa, scr. gôsa, zd. gaosa, neup. gôsh.

Das andere Zeichen, welches R. und L. durch gh
wiedergeben, ist ebenso weiter nichts, als ein einfaches
g vor u, wie es als Silbenzeichen in R. Sughda, Suguda
vorkommt. Das Zendische gh geht im Persischen in g
über, so in dem Namen der med. Landschaft Rhagiana,
Zd. Ragha, P. Raga. Ausserdem steht es in draugha,
wofür auch drauga vorkommt. Diese Form könnte uns allerdings veranlassen, gh für einen eignen Buchstaben anzuerkennen, wenn nicht eine andere Erscheinung uns
zwänge, für jetzt jene ausser Acht zu lassen. Wir

finden nämlich in einzelnen auf gus ausgehenden Worten
Nom. u. Acc. mit R. gh, Gen. u. Loc. mit R. g geschrieben. z. B. Nom. Maghus, acc. maghum, gen. magus, loc. maguwa. Niemandem wird es einfallen zu
glauben, die Declination werde hier durch Aspiration des
Wortstammes gebildet, was freilich für manche Spra-
chenklassen nicht ungebräuchlich, für indogermanische
Sprachen aber bis jetzt unerhört ist, denn auch die Erscheinungen im celt. beruhen auf andern Gründen. Es
ist einfach zu dekliniren, magus, g. magaus, acc. magum,
loc. magauv = magô. Magaus ist ganz das zd. êus
scr. ôs. In einem Falle ist dieser Genitiv durch die
Schrift angedeutet, indem dort ein h vor das casuelle
us tritt; im Namen Dârajavahus; welche specielle Bezeichnung wegen des dem u verwandten v eingetreten
zu sein scheint; vielleicht ist auch das h weiter nichts
als der Halbvocal des a, wie wir später besprechen
werden. Diese Schreibweise hindert aber noch nicht,
Dârajavôs zu sprechen.

Auch die Namen Gaumâta, Gaubruva passen viel
besser zum gr. Γωβρύας; jener Name möchte Γωμάτης
gelautet haben. Auch die citirten Verben können wegen ihres Guna keine Schwierigkeiten machen.

Der letzte Buchstabe der gutturalen Gruppe ist
eine Aspirata R. k'h; sie kommt im Anlaut nur vor s vor,
doch hier ist keine blos graphische Verschiedenheit zu
statuiren, da anderweitig die Aspiration sicher gestellt
ist. Ein folgendes r aspirirt ein ursprüngliches k zu kh,
wie r ein t zu th und ein p zu f. Auch t hat wie im
Neupers. und im Deutschen, dieselbe Wirkung; bildeten

wir von trügen, pers. drug′, das Hauptwort in t, so wurde es Trucht lauten, wie das pers. Particip. duruk-tam; so steht es in Bák′taris, zd. Bák′ d′ı̆. Auch m aspirirt das k, so Ćitratak′ma. Vor a kommt es vor in Hak′ámanis, gr. Ἀχαιμένης, ʿKamaçpâda. Es entspricht radical dem Skr. k oder g. Hakâmanis ist gr. sak ámanâs, was schon von andern bemerkt; die Combination k s entspricht dem scr. ks und gr. ξ: für scr. kś scheint Altp. nicht, wie im Neup., s einzutreten, wie Benfey meint.

Verhältnissmässig selten kommt die palatale Reihe vor; sie erscheint, wie natürlich, auch blos vertreten durch die Tenuis und Media; R. ch u. j, L. k′ und g′. Die Aspirate kann nicht existiren und fehlt deshalb; das Lassensche k′h ist ohne Widerrede eine Dentalis. Die Tenuis erscheint vor a, haćâ, im Anlaut ćartanaij, vor i in ćij, Ćitratak′ma, Taigarćis. g′ ist bis jetzt nur noch vor i belegt, möglicherweise ist es ein reines g vor i*), so dass dieser Buchstabe fehlte; auch im Neup. ist g′ weniger als organisch, als als eine Degeneration von j zu betrachten.

Die dentale Klasse nun ist am bedeutendsten variirt. Wir haben erstens ein t, das vor a und i so häufig vorkommt, dass es weiterer Belege nicht bedarf. Vor u kommt es nicht vor, das Wort tumâ, ist taumâ gl. tômâ zu lesen, und kommt nicht vom zd. taokman, was pers. taukman heissen müsste, wie es Benfey will. Eine solche latinisirende Ausstossung kommt im Pers. nicht

---

*) Holtzmanns ʿg′ ist unstatthaft.

vor, und alles was B. anführt, z. B. R. nirasatiya möchte
ganz anders zu erklären sein. Taumâ kommt von der
scr. Wzl. tu (Wils. to thrive, to increase); tômâ ist der
Spross, wie scr. tóka.

Das Zeichen das R. durch t'h, L. durch d'h wiedergiebt, ist weiter nichts als ein t, dem u folgt.
L.'s d'h weiss ich nicht zu deuten. Es erscheint in
d. 3 p. s. imp. pâtuv, dadâtuv R. pat'huwa etc. im
Name Katpatuka im Anlaut in R. t'huwam, tu wam, du,
wo kein Zweifel sein kann.

Das folgende Zeichen, eins der ersten entzifferten Zeichen ist d, und zwar vor a. Es entspricht Scr.
d u. dᶜ, steht auch ausserdem für zd. z, scr. h, auch für
g', wie in dâ(n) wissen. Wo es vor i vorkommt ist
dai zu lesen: so in R. Mádiya, Mâdaij. R. Mádishuwá,
Mâdaisuv. Vor u erscheint es in daustâ, Freund, dessen langen Vocal auch d. Neupers. erhalten hat.

Das so lange unerkannt gebliebene erst durch Holtzmann S. 61 der Wahrheit nahe gebrachte Zeichen,
das Lassen durch k'h wiedergab, ist auch von Rawlinson
nicht so richtig erkannt worden. Dieser giebt es durch
tᶜ wieder, was aber die grösste Missverständnisse erzeugt.
Ich möchte es einfach als d vor folgendem i nehmen,
ohne Holtzmanns unerklärliche Aspiration zu statuiren.
Freilich kann man dem nicht leicht mit Benfey R. tᶜitam
von stê erklären, das ich einfach zu scr. d i halten, ziehe;
nach regelrechter Vertauschung der scr. Aspirate mit der
Media, die sich beim d. leichter nachweisen lässt, als ir-
gend sonst; so haben wir dâ für dᶜa in avada, so danv
scr. d anv. dâ scr. dâ. Benfey würde sich nicht durch

die Fiction eines causalen prit iya haben irre führen lassen, wenn er t gleich als d erkannt hätte. So ist auch R. Atriyaᶜiya, ganz einfach zu erklären aus atri, Feuer, und jad opfern; eine ähnliche Zusammensetzung haben wir in Bâgajâdis, dass im Nom. nach R. Bágayát is lauten müsste. So finden wir den Babylonischen Namen Nadita-bira, den arm. Nañdita, den pers. Bardija, der dem Smer-dis der Griechen gewiss näher kommt als Bartᶜija. Fer-ner Artavardija, der gr. wohl Ἀρταόρδιος, oder Ἀρτάορδις gelautet haben mochte. Der Ort R. Uwadidayá muss Uvadaidaja gelesen werden.

Der Buchstabe, den Rawlinson und Lassen als ein dh gefasst haben, ist weiter nichts als ein d vor u. Er kommt vor im Anlaut in den Wörtern dhuriya, duraij = durê fern, scr. dûrê, duvitija scr. dvitîja, duvitâ, was Benf. zu davîjas, davistam zieht, wie in dem verwandten da-vistam. Ferner in scr. duvartᶜi, zd. dvâre, oss. duar vrgl. Pott. Etym. Forschg. I. p. 95., wo das gr. θύρα nicht im Stande sein möchte, die Geltung unsers Buch-staben als med. in Zweifel zu ziehn. Ferner durug' mit den Deriv. duruk tam u. s. w., wo auch im zd. die Me-dia steht. R. dhushiyáram, schön durch Benfey erklärt aus dus u. zd. jâreᶜ, Misswachs. Ausserdem finden wir noch die arm. Eigennamen R. Dhubaña; im Inlaut be-merke man R. Gadhutawa. R. Mardhuniya, Mardunija gr. Μαρδόνιος, R. Hidhus, zd. hendu, Ἰνδός, dem scr. sindᶜu gegenüber.

Die übrig bleibende Aspirate für die dentale Classe, R. th, L, θ. ist wohl unstreitig einer der schwierig-sten Buchstaben des Alfabets. Die erste Entzifferung

Lassen's als gr. ζ hat sich zwar als unrichtig erwiesen, doch ist die Sache nicht so gänzlich durchgefochten und L. gelehrte Beleuchtung der Vertretung dieses Zeichens in andern Sprachen, ist so überflüssig noch nicht geworden. Die Untersuchung hierüber gehort nicht hierher, besonders da ich mich der neueren Ansicht vollkommen anschliesse, zunächst aus dem Grund der Zendischen Correspondenz th, doch bleiben Formen wie R. thastaniya, das Benfey mit g içt zusammenstellt, noch immer Gegenstand des Zweifels. thah zieht Benf. zu scr. gad, diese Correspondenz scheint aber nicht erwiesen. Bopp will es mit cax zusammenstellen. Letzterer Vorschlag meines geehrten Lehrers bringt mich indess auf den Gedanken, es mit d. Gradform von ćax, kas, zusammen zu bringen, doch sicher bin ich nicht (to command nach Wilss.). Vielleicht ist das Wort iranischen Ursprungs. Dass das R. thátiya hierher gezogen wird, nehme ich an, so lange sich nichts Besseres findet; doch fällt mir auf, dass der Sibilant s nicht erhalten ist, während doch sonst ein folgendes t den Sibilanten vor der Vorwandlung in den Hauchlaut bewahrt vergl. açtij. Die Länge des a hätte Benfey nicht aus den Causal zu erklären brauchen, die Länge des Vocals ersetzt den Ausfall des Consonanten. Vor i kommt der Buchstabe unbestritten vor in ksâjaćija, wohl auch in Tigarćis, warum R. Thaigarchis schreibt, weiss ich nicht, vor a steht er in Turavâhara, ebenfalls einem Namen. Das r. aspirirt auch des dentale Tenuis; so wird aus dem ved. trad das persische ťrad, handeln (Englisch to trade, freilich in anderer Bedeutung), so steht Ksatrita.

Die einfachste Classe, was die Bezeichnung an-
langt, sind die Labialen; hier ist keine Spur von jener
Silbenschrift geblieben; (das m natürlich ausgenommen);
diese Buchstaben stehen auch so fest, dass über die
ihnen entsprechenden Laute zu reden überflüssig sein
möchte. F. entsteht, wie im Deutschen und Neup. durch
Einfluss eines folgenden Consonanten aus p, diese Cons.
sind t, m, s, r. Beweisbar ist für das Altpers. nur fr, doch
ist kein Zweifel, dass auch die andern Buchstaben denselben Einfluss geübt. Das Wort pri lieben, was R. u. B.
erfinden, kann diese unsere Regel nicht umstossen, schon
das Zd. pri, würde widersprechen, wenn es nicht der
Sinn thäte.

Die Nasalen hingegen, deren das Altp. nur zwei
m u. n hat, bieten wieder mannichfache Verschiedenheiten
dar; das n erscheint uns in 2 Formen, als n vor a u. i,
und als n vor u. A und i kommen nach dem ersten n häufig genug vor; für akuṅus und adarsnus ist akunôs und
adarsnôs zu schreiben, was ganz mit dem scr. ved.
akrnôt und adros'nôt stimmt.

Das n vor u. hat erst R. gefunden, da es nur in
der Inschrift v. Bisutun vorkommt, aber es ist hier unverkennbar. R. an uwa, an' usijâ, dan'ut'huwa schreiben wir
anuv, anusija, danutuv; letzteres imp. 3 p.

Das m hat mit dem d gemein, dass es besondere
Bezeichnung für die Verbindung mit allen 3 Vocalen hat. Das erste m ist das haufigst vorkommende;
wo es vor i steht, ist stets mai zu lesen; so in der Enklitica maij, im Gegensatz zur Endung 1 pers. sing (miya
bei Rawl.; so in imaij = imê diese.

Das zweite m, das vor i steht, wurde schon von
Lassen als m gelesen, im Namen Armeniens armina; die
l p. s. hat diese Geltung bestätigt; in Anlaut kommt es
nur im Namen des Gottes mitra vor s. oben.

Das dritte m endlich verdankt dem Scharfsinn Rawlinsons seine Entzifferung, während die Vorgänger den
Character des Zeichens verkannt hatten. Lassens Erklärung des Gudrájà zeugt immer von Scharfsinn; unbegreiflich
bleibt es aber, wie sowohl Holtzmann als Hitzig diese
doch schon längst durch Lassen (Persepolis in Ersch
und Grubers Encyklopädie) bekannte Erklärung so gänzlich
ignoriren konnten; dass letzterer sogar zu der abenteuer-
lichsten Erklärung seine Zuflucht nimmt, und sich fragt,
warum Aegypten doch eigentlich nicht genannt sei?
Sonst kommt dieser Buchstaben nur noch im Pronominal-
stamm amu vor; den schon Benf. mit scr. amu u. gr. αμο
vergleicht.

Ueber die Sibilanten ist hier nichts zu sagen, R. s entspricht dem Zendischen ç, R. sh theils dem Zend. u. Sans-
skrit s, theils dem scr. s̀. Doch ist die Bezeichnung s der
andern vorzuziehen, erstens der Einfachheit wegen, da
wohl kein Mensch fähig sein möchte, zu bestimmen, ob
die Perser Dârajayus oder Dârajavush gesagt haben.
Ausserdem empfiehlt die Bezeichnung s seine Bedeutung
als Nominativzeichen, und als Endg. anderer Casus, die
im Zd. und Skr. auf s. endigen. Im Neupers. ist allerdings s grösstentheils zu sh geworden, während gewöhnlich
ç durch s vertreten wird, doch vergleiche çudh u. neup.
shesten; doch auch dies kann mich nicht bestimmen, die Bezeichnung sh anzunehmen, da Jedermann weiss, wie leicht

14

diese Laute in einander übergehen; die portug. Endg os
sprechen die Portugiesen osh, die Brasilianer os. Die
Analogien von têš am u. tjêsam wollen hier nichts bedeuten, ebensowenig die Skritligatur x von der man
noch gar nicht weiss, ob sie ursprünglich wirklich ks͛
ist; seit langer Zeit wurde nur es so gelesen. Das Zend.
hat eine der altp. ähnl. Bezeichnung u. setzt k͛s., in
ksnaothra; hat aber auch die Lesart ks͛ die Burnouf für
wahrscheinlich richtig hält. Cf. Iaçna p. 25. für die Vocal-
bezeichnung ist hier nichts Besonders zu bemerken,
als dass s vor u seltner vorkommt und dass wie es
scheint gern j eingeschoben wird z. B. uvâmarsijus.
Auch das z und ź, R. z u. jh, wird uns nicht auf-
halten, da sie für unsere Zwecke von nicht viel Bedeutung sind; z ist ganz zd. z, ź das neup. ź, doch steht
es auch für ź, so aźamijâ, neup. azmûden.

Das h scheint nicht gern vor i vorzukommen, die
einzigen Wörter, wo es uns vor i begegnet, sind R. hinâ,
das wohl nach Analogie des scr. sênâ und zd. haêna, hainâ
= hênâ, zu lesen ist und Hidus. Wo sonst im scr. si,
im zd. hi steht, findet sich im Pers. nicht nach Analogie
von mij und tij, hij, sondern hj oder hja, âhj, mânijâhj,
wainâhj; und der ersten Person Pl. für ved. masi, zd.
mahi, mahj, âmahj, thahjamahj.

Auch das r hat zwei Zeichen; einmal das Zeichen
vor a und i, und dann das vor u. Ueber ersteres ist
nichts zu bemerken, ausser dass, wo es vor u steht,
die Silbe rau zu lesen ist, so in rauća, Tag, drauga, Un-
recht, Kuraus, Gen. von Kurus. Das andere r, von
Lassen noch mit dem ähnlichen s verwechselt, wurde

von Burnouf schon als r erkannt, doch nahmen noch
die Nachfolger eine Art Aspiration an; B. schwankte,
ob er es nicht l nennen sollte, wofür sich Holtzmann
aussprach. Doch muss uns der Genitiv Kuraus lehren,
dass die Perser ihren grossen König nicht Qulus genannt
haben, was Herr H. als wahrscheinlich vermuthet. Haben
die Perser wirklich ein besonderes Zeichen für l gehabt, was trotz des Namens Τάβαλος Herod. I. und der
Bezeichnung πανδιαλαῖοι zweifelhaft bleibt, so bleibt von
allen Buchstaben uns nur einer übrig, der Buchstabe,
den R. ñ bezeichnet, und der blos in den Eigennamen,
von denen der Ortnamen nicht armenisch, sondern ba-
bylonisch zu sein scheint, vorkommt. Aber auch dieser
ist nicht nothwendig ein l, obgleich einige Wahrscheinlichkeit dafür sein möchte; wir finden ausser in dem
Zend, wo erweislich kein l sich findet, auch in den
Hieroglyphen noch in der Römischen Zeit r und l durch
ein Zeichen ausgedrückt.

Dass R. ñ ein Nasal ist, der vor d doch nur der
zd. Nasal n, z. B. in çpenta, he ndu, sein könnte, der
aber wohl nicht zwischen zwei Vocalen vorkommen möchte,
scheint nicht wahrscheinlich. Die Perser scheinen den
Anusvara zwar nicht geschrieben, aber doch gesprochen
zn haben; Gadâra, Hidus beweisen wenig, nicht viel
mehr hagamatâ, atar, hatij, aber Vidafranâ scheint doch
mit dem Anusvara gesprochen zu sein, sonst hätten die
Griechen nicht Ἰνταφέρνης verstanden; für den Nasal
des Wortes badaka spricht das heutige bendek; so ist
Gadutava vielleicht Gandutva, so Capada, gr. Καμβαδήνη,
wohl Campada zu lesen; für die Aussprache Kambu-

g'ija sprechen die griechische und die hieroglyphische Schreibung des Namens.

Von den Halbvocalen macht j keine Schwierigkeit, für v haben wir wieder zwei Zeichen, von denen das eine nur vor a und u, das andere nur vor i steht. Kommt i nach dem R. w vor, so ist stets vai zu lesen. avaij, vain = scr. vên. Bekannt ist, dass R. v auch als Bezeichnung der Silbe vi vorkommt.

Das R. tr ist wohl für eine Zusammensetzung von th und r zu fassen, wofür Ksat́ rita und t́ rada spricht. Die Namen Bactriens und Cyaxares sind wohl mit R. Bâḱ taris und Uwak satara zu lesen. Die aspirirende Kraft des r ist durch eine Form wie ç̌aḱ rijâ, ćicik râis, framânâ u. s. w. erwiesen. Ueber das L. rp, R. q. weiss ich nichts besseres, als was L. aufgestellt hat.

Wir hätten so im Altpersischen ein ganz einfaches Lautsystem, das dem ursprünglichen, im Griechischen in seiner Reinheit erhaltenen, näher kommt, als das des Sanskr. und Zend. Wir haben für die gutturale Classe k, g, ḱ, für die palatale ć, g', ohne die undenkbare Aspirate; für die dentale t, d, t́; für die labiale p, b, f, ferner zwei Nasale m und n, vier Sibilanten ç, s, z, z, von denen die letzteren ächt iranisch sind; die Liquida r, den Hauchlaut h, und die Halbvocale j und v.

Nicht schwer möchte es sein, aus der Geschichte der Skritsprache selbst die frühere Existenz nur dieser drei Abstufungen der eigentlich organischen Laute (wie man die Muten wohl nennen könnte) zu beweisen, und die älteste Sprache von dem überflüssigen Anwuchs der

unorganischen aspirirten Tenues zu befreien. Doch gehört dieses in seiner Ausführlichkeit nicht hierher. Eben
so lässt sich die Entstehung der barbarischen Aussprache
der Aspiraten als Tenuis oder Media mit nachfolgendem
Hauchlaut aus der Geschichte der Scr. Sprache nachweisen; deutliche Spuren finden sich im Prakrit, wo wir
die Aspiraten der Tenuis förmlich als Ligaturen der einfachen T. mit einem aus dem Skr. s entstandenen h betrachten können; wo jene im Sanskrit vorkommen, sind
sie grossentheils nichts weiter als die gewöhnlichen Tenues; nur das kh macht eine Ausnahme, das aus organischen Gründen weit eher zu rechtfertigen ist als t'h,
t'h und p'h, da es frühzeitig mit dem gh verwechselt
wurde, mit dem es eigentlich identisch ist. Wo die
Aspir. des Tenuis nicht gerade zu identisch sind mit
der Tenuis, was nur in höchst seltenen Fällen vorkommt,
folgt jener niemals ein Consonant, zum sichern Beweise,
dass sie die Tenues mit nachfolgendem h sind; die Aspiraten dagegen erscheinen häufig genug vor Liquiden,
um das Skrit ganz unlesbar zu machen, wenn man sie
bh, dh etc. lesen wollte; sie sind die eigentlichen Aspiraten der Muten, und sie allein sind es, die in den
verwandten Sprachen durch Aspiraten vertreten werden.
Das ćh endlich gehört gar nicht einmal in die Reihe
einfacher Buchstaben; schon Lassen's Scharfsinn entdeckte
seine Verwandtschaft mit dem σκ, sc, der klassischen
Sprachen; seine Aussprache ist ćh, mit dem Hauch,
wie die des p'h, das aus sp, und des t'h, das, wo es
dieses ist, aus st entstanden ist. Die euphonische Entstehung des ćh schreibt sich daraus her, dass dem pala-

talen ç noch ein Guttural zugesetzt wurde, z. B. t ck,
welche Gruppe sich dann in tćh transponirte, denn am
Ende hat ććh nichts weiter zu bedeuten. Dieser Zusatz des k hat eine weitgreifende Analogie in einem ger-
manischen, besonders deutschen Zusatz eines Gutturals,
nach einer Sibilanten. Die asp. Media der Palatalen ist
endlich gar nicht sanscritisch, wie ohne Kühnheit behauptet werden kann, ursprünglich scheint sie im Prakrit nichts weiter gewesen zu sein, als das neupers. ż.
Dass die spätern Grammatiker alle diese Buchstaben unter die jetzt noch bestehenden Categorien brachten, will
nichts sagen; so viel an rohem Material aus ihnen zu
lernen ist, so viel haben sie auch zum Missverständnisse
der Geschichte ihrer Sprache redlich beigetragen. Die
Abschweifung wolle der Leser gütigst verzeihen; sie gehört eigentlich einer andern Arbeit an, die die Behauptung gründlich erweisen muss; doch mag sie hierher in
sofern gehören, als die Erkenntniss des Altpers. Lautsystems auch einige Lichtblicke auf die sanscritische
Verwirrung thun lässt.

Das Zend, nun, das erst der Scharfsinn weniger
Männer wieder uns lehren musste, liegt vor uns in einer noch grösseren Verwilderung des Lautsystems, und
die geistreichen Untersuchungen Burnoufs zeigen dieses
am allermeisten da, wo der gesetzgebende Scharfsinn
des Grammatikers Ordnung in die Verwirrung gebracht
zu haben glaubt. Die unnatürliche Fülle der Laute, sowohl Consonanten als Vocale, kann in dieser Gestalt
nicht aus dem Munde einer lebenden Sprache hervor-
gegangen sein. Auch hier möchte das einfache System

des Altpersischen wohl nicht unpassende Reformen machen können.

Das Neupersisehe endlich bestätigt das aufgestellte Lautsystem. Jst auch die Sprache durch innere Kraftlosigkeit und äussere Einbrüche fremder Sprachen schrecklich zugerichtet, so hat sie unter allen diesen Stürmen das Lautsystem bewahrt. Ziehen wir nichtpersische Laute ab, so sehen wir in den zurückbleibenden gerade dasselbe Lautsystem. Nur das p. gh ist neupersisch, wenn es auch nicht häufig vorkommt, dieses aber erklärt sich leicht als ein durch r influenzirtes g, so z. B. in tîgh; altp. tigra; andere Wörter sind durch l afficirt, z. B. ghaltiden, wenn es anders, wie Wilken will, persisch ist; was ich wegen des ta sehr in Zweifel ziehe, zumal da es auch ein arab. ghlt giebt.

Nachdem wir das Consonantensystem so festgestellt haben, können wir erst jetzt zum Vocalsystem übergehn, weil der Vocalismus erst durch jene Untersuchung über die den Consonanten inhärenten Vocale begründet werden musste. Schon B e e r hat dem Persischen Vocalsystem die ihm gebührende Einfachheit zugesprochen, indem er die Lassensche Eintheilung in kurze und lange Vocale zurückwies. Doch scheint das â immer lang zu sein, wo es nicht als Initiale oder als Auslaut steht; ausgenommen noch etwa in den Fällen, wo ein anderer Vocal unmittelbar folgt, und wo es nicht nur steht, um den Leser sicherer zu machen. Doch ist diese Vorsicht nicht immer angewendet; ich führe z. B. an: Frawartais neben dem einzig so lesbaren Bâgajâdais und

dem durch die Schrift untérschiedenen Ćićiḱ ráis, pati-
jáis, atijáis, Ćispáis.

Die Frage, wann das a inhärirt, wann nicht, ist
schwierig oder leicht zu beantworten; in vielen Fällen
ist die Entscheidung unmöglich. Eine andere Frage ist,
ob das a überhaupt am Ende der Wörter noch inhärire.
Erweislich kurze Silben werden am Ende mit langen â
geschrieben, so die Endigung des Genitiv; die vedische
Verlängerung erscheint beim Genitiv unzulässig, wie Benfey es will, obgleich bei Locat. sie beglaubigt ist, und
zwar auch durch das Altpersische. Andererseits möchte
eine altdeutsche gänzliche Abwerfung des Nominativzeichen Widerspruch finden durch einige Formen, die mit
Encliticis behaftet sind, z. B. kasćij, anijasćij, awassćij,
wo sichtbar das Nominativzeichen erhalten, ganz ver-
gleichbar dem Zendischen jaçća; was nur in dem einen
Falle das casuale s behalten hat, und sonst ô lautet.
Hier ändert es nichts in der Sache, ob man avaçćij als
masc. oder neutrum nimmt, da beides im Altpers. aus
avas und avad zu ava geworden ist. Auf jeden Fall
aber scheint die Annahme des finalen a bedeutend. beschränkt werden zu müssen.

Diese Beschränkung muss namentlich fast überall da
stattfinden, wo Rawlinson iya und uwa schreibt, und
dieses führt uns auf die Untersuchung über die beiden
andern Vocale i und u. Wir wollen zuerst i betrachten.

Diese beiden Vocale haben die Eigenthümlichkeit,
dass sie am Ende der Wörter nicht vorkommen, sondern stets ein j oder v folgt. Dieses liest nun Rawlinson ija, und bildet so das Verbum dadâmija, dadâhja,

dadátija, eine Verlängerung, die durch keine Analogie gerechtfertigt erscheint. Holtzmann nahm dieses ij gleichbedeutend mit dem langen i, unter einzelnen Fällen findet diese Annahme sogar Analogie im griech., z. B. dadátuv, διδότω; doch man bedarf sie nicht, denn es ist die Länge dieser schliessenden Vocale im Allgemeinen unbegründet. Das j ist einfach graphisch, ohne weitere Bedeutung für die Aussprache. Es kommt sogar dieselbe Form zweimal vor, adârij und adâri N. R. 22. Ausserdem tritt ein j in der Mitte des Worts überall da ein, wo auf ein i ein anderer Vocal folgt, wo im scr. ein einfaches j stehen würde, so wird aus ni + asâdajam, nijasadajam, ni + apârajam, nijaparajam und pati + âvahaij, patijâvahaij.*) So in dem Wort siju, scr. ćć`ju gehen; ferner uvâmarsijus. Das i des Optativs wird ebenso durch ein j mit der Endigung verbunden, z. B. avaćanijâ, scr. avahanjât, aźamijâ. So wird das Skr. Affix ja durch ein i verbunden z. B. martija, scr. martja, Arminija, Bábiruvija, Uvaźija. Daher ist immer anzunehmen, dass wenn ein j auf einen Consonanten folgt, vorher ein inhärirendes a zu statuiren sei; so z. B. möchte ich mit Rawlinson Dârajavus lesen, aber auch Ksajârsâ; sollte es Ksjârsâ heissen, so müsste Ksijârsâ geschrieben sein; vergleiche z. B. anijas, dus-i-jâra, źâd-i-jâmij.**) Dass

---

*) Zu vergleichen ist hier Scr. bòde-j-am.

**) Nur das h und zuweilen t macht eine Ausnahme, hier finden wir nicht hija, dahiju, ahijâ im gen., aber auch nicht hij für die Form der zweiten; nicht mahi, wie im Zd. für die der 1 Pl. Plur., sondern mahj. So dass anzunehmen ist, dass das h nie mit i verbunden vorkommt. Vielleicht weicht auch v vor j von der Regel ab, obgleich wir paruvijat haben.

ferner die Bezeichnung ij nur das graphische Zeichen
des Wortendes ist, schliesse ich aus Formen, denen eine
Enklitica angehängt ist, z. B. imaivâ, tjaipatij, jadipatij
dem einfachen imaij, tjaij, jadij gegenüber; in imaij u.
s. w. liegt kein Grund zur Verlängerung eines Wortes
vor, der von Natur schon lang war.

Ganz dasselbe findet bei uv statt; folgt im Wort
ein Vocal auf das u, so wird ein v eingeschaltet, wie
im Prakrit, wo z. B. tuvam dem Persischen tuvam ganz
gleich ist, dem scr. tvam gegenüber. So führe ich instar omnium duvitija an, scr. dvitíja; ferner uvacpa scr.
svaçva. Von der Quantität des u gilt ganz dasselbe, was
oben von i gesagt, anuv, dadâtuv, Mâdaisuv bleibt kurz
und Bâbirauv kann nicht länger werden. Die Hinzufü-
gung des langen â zu den Locativen kann uns hier nicht
stören, dass wir Bâbirauv lesen; Ufrâtauvâ, Bâbirauvâ
erhielten die Prosthese â, wie Bâktaraijâ, Harauvataijâ.

Das uv macht uns indess noch eine andere Schwierigkeit. Diese beiden Zeichen drücken im Zend einen
Buchstaben aus, der vor a namentlich vorkommt, und
das scr. sva ist. Ob dieses Zeichen wirklich q ist, ist
freilich nicht ganz gewiss, doch macht es der Umstand
wahrscheinlich, dass dieses uv in den Namen immer einem griechischen Guttural entspricht, z. B. Harauvatis,
zd. Haraqaitis, ist gr. Ἀραχωτίς, Uvak̓satara ist gr. Κυα-
ξάρης, Uvaçpa, gr. Χόασπης, Uvarazmija, gr. Χορασμία.
Dieses ist wohl auch neup. kh, uvaźa khuzistân, so auch
neup. Chorasan. Es erscheint häufig für Skrit sva, so
uvâipsijam für scr. svâipsjam. Wie wir auszusprechen haben, weiss ich nicht, wie ein Guttural ist es wohl nicht

zu lesen, da sonst die Perser solchen gesetzt haben
würden; vielleicht ist es das goth. ⊙, hv, das auch eine
so nahe Beziehung zu den Gutturalen hat, im Neu-
hochd. gewöhnlich aber zu w geworden ist.

In einzelnen Fällen scheint jedoch wirklich uv in der
Mitte des Wortes die Länge des u zu bedeuten. Wir
finden nämlich neben parunâm auch paruvnâm geschrieben.
Niemals jedoch ist ein anders langes u z. B. in dahjunâm
mit v geschrieben. Sollte jenes paruvanâm zu lesen
sein, dann fällt freilich jedem auf, warum es nicht paruvâ-
nâm heisse. Doch scheint das paruvamaćaij „vor mir"
für diese Lesart paruvanâm zu sprechen; da auch das
Fehlen des â als so bedeutend nicht geachtet werden
darf, und paruva ein eigenes Thema ist, das von
paru durch a fortgebildet wurde; es ist für parva, wie
haruva für scr. sarva.

Nachdem wir die einfachen Vocale durchgenommen
haben, können wir uns an die Diphthongen machen. Deren hat das pers. nur zwei ê u. ô, die ai u. au geschrieben werden, wahrscheinlich sind sie gewöhnlich auch
ê u. ô ausgesprochen worden. Im Anlaut erscheint ai-
vam, einzig, aita dieses, aina-tahja, gen., von au haben
wir Autijârâ, Auramazdâ, was die Gr. Ὠρομάζης wiedergeben; hätten die Perser Auram gesprochen, würden sie
uns Αὐρομ. aufbehalten haben. Die Griechen haben wenig pers. Namen mit Au, ausser Αὐτοφραδάτης u. ähnl.
nicht leicht viele zu finden; Δαριαύης ist aus Δαριάϝης
entstanden. Übrigens scheint man dem feinen Ohre der
Griechen, in Betreff der Namen des persischen Volkes,
mit dem sie in so mannigfache Berührung kamen, wohl

einigermassen vertrauen zu können; dieses bestätigt jeder neue Fund auf dem Gebiete der Altpers. Sprache immer mehr. Auf jeden Fall haben sie die Namen unendlich viel treuer wiedergegeben, als ihre eigenen Nachkommen es gethan, und man ist ungerecht gegen die Griechen, wenn man die von ihnen uns überlieferten Namen nach dem Neupersischen zurechtstutzen will.

Ueber die Anwendung der Diphthonge im In- und Auslaut hat uns das persische Lautsystem in der Art, wie es uns vorliegt, mannigfache Winke hinterlassen; und wir haben eine genauere Kenntniss des Vocalismus dem Umstande zu danken, dass die persische Schrift sich noch nicht völlig aus den Banden der Syllabarbezeichnung losgemacht hatte. Manches bleibt freilich auch hier noch dem weiten Felde der Hypothese überlassen, doch ist des durch Analogie Sicherern so gar wenig nicht. Die Anwendung der Diphthonge bleibt der eigentlichen Flexionslehre festzustellen.

Wir wollen es nun versuchen, mit unserem Lautsystem die grammatischen Flexionsformen genauer zu bestimmen; zwar macht diese Zusammenstellung nicht auf Vollständigkeit Anspruch, sie soll nur den Weg zeigen, den wir später bei solchen Untersuchungen einzuschlagen haben. Ich setze gleich die Declination hierher.

Die Formen auf a werden so declinirt.

N. baga, Gott, aus bagas, wie man aus bagasća sieht.
A. bagam.
D. bagâ.
G. hagahjâ.
A. bagata.

L. bagaij, auszusprechen bagê.

V. bagâ wie d. ved. â (wenn â nicht bloss Auslaut).

Plural.

N. bagâha, aus der vedischen Form ʿbagâsas; od. bagâ.

A. bagâha od. bagâ.

I. bagaibis.

G. bagânâm.

L. bagaisuw.

Der Nominat. as ist zu erkennen in kasćij, ähnlich wie er sich im Goth. auch nur in hvas rein erhalten hat. Der Instrumental hat das einfache Zeichen â an den Stamm gesetzt, wir finden auch noch eine Form anâ, dem ved. gleich, die wir der Pronominaldeclination vindiciren möchten, den Abl. bagata schliesse ich aus paruvijata, nicht paruvijat, weil t nicht, wie im Zend., am Ende steht, ein Ueberbleibsel der Form bagatas, wie prâcr. ʿbagâdó. — Die Endung aij, die am häufigsten vorkommt, schliese ich aus Formen wie Madaij R. Mádiya, Partʿawiya. Für den Dativ habe ich keine Form gefunden, wo er erforderlich ist, steht immer der Genitiv.

Der Plural bagâha kommt in dieser Form vor, neben andern auf â, schon Benfey hat das ved. âsas verglichen. Ich lese auch bagaibis, wie martijaibis, açbâraibis, kamanaibis, vitʿaibis, mit Rawlinson und gegen Benfey. Da ein jeden Zweifel hebendes Mâdaibis nicht vorkommt, schliesse ich den Diphthong aus der Form Mâdaisuv, die dem scr. Mâdêsʿu so entspricht, wie jener dem ved. Mâdêbis oder spätere Dativ Mâdêbjas. Ich halte deshalb auch B. Meinung für unwahr, dass scr. ê dem Pers·

i entsprache; letzteres ist immer ai zu lesen. Hätte
B. dieses bedacht, so würde er R. Pársiya, Pârçê gelesen und nicht eine Femininform auf i, dem gr. Περ-
σίς oder pers. Bâk'tris analog, angenommen haben. Wie
er Pársiya als Genitiv erklären will, weiss ich auch
nicht. Ob das i kurz oder lang sei, entweder scr. 'bis
oder zd. bis, wage ich nicht zu entscheiden, wir kennen auch nur die Instrumentalform, die dative des
Duals mag, nach dem Zendischen bja zu schliessen,
bija gelautet haben; der Pl. war wohl identisch mit
dem Instrumental; der Genitiv ist ganz regelmässig,
und giebt die alte Sanskritform besser wieder, als das
Zendische bagânãm; der Loc. ist in der Form Mâdai-
suvâ erhalten.

Das Neutrum wandelt sich ebenso, es hat aber seine
Nominativendung behalten; der Plural hat â, Zd. a,
Skr. âni, und stimmt hier mit allen indogermanischen
Sprachen gegen das Sanskrit, das, wie bekannt, i hat.
Als Beleg dient uns hamaranâ.

Schwieriger ist das Femininum auf a vollständig zu
decliniren. Acc., Instrum. und Gen. sind zu belegen,
ferner der Loc. Pluralis, der uns in einer Beziehung
interessant ist, weil wir wieder eine Regel der Laut-
wandlung im Altpers. dem Skr. gegenüber erkennen.
Wir finden anijâuvâ, wo wir anijâsuvâ (â ist Zugabe)
erwarteten. Das â hat, wie Burnouf schon für das Zd.
nachwies, auch hier eine Vorliebe für das h; das s verändert sich in der Mitte des Wortes nur nach â in h. Hier
ist das h fortgefallen, wie dieses vor u so häufig der
Fall ist, und das einfache uvâ ersetzt wie auch anderswo

das Zendische qå und scr. svå. Das scr. s geht im
Persischen nie zu h über, wo es im scr. selbst zu s
wird. So glaube ich auch hier bemerken zu können,
dass das h ebenso der Träger eines einem andern Vocale vorangehenden a ist, wie das j und v der des i
und u, nur ist die Regel nicht so festgehalten wie bei
dieser. Wie man nur ija, iju, uva, uvi sagen kann, so
scheint auch für frühere Sprachperioden ein ahu, ahi
stattgefunden zu haben. Der letztere Fall ist bei dem
sich jetzt zeigenden Verhältnisse des h zu i nicht mehr
nachweisbar; für den ersteren haben wir das Verhältniss
des Zend. Ahuramazdåo, dem Altpers. Auramazdå, und
das schon oben angeführte Dårjavahus dem Altpers.
Kuraus gegenüber. Wir construiren das Feminin nun
folgendermassen.

N. didå, die Feste   pl. didå.
A. didåm.   didå.
I. didajå.   didåbis. *
G. didajå.   didånåm. *
L. —   didåuvå.

didåbis und didånåm ist zu vermuthen, wenn es gleich
nicht belegbar ist.

Diese erste Declination lässt uns mannigfache Ana-
logieen zwischen dem Verhältniss des Zd. zum Altpers.
und des Gothischen zum Ahd. finden.

Die zweite Declination liegt uns lange nicht so
zahlreich als die erste und fast nur in Eigennamen, vor.
Wir möchten sie folgendermassen construiren; indem wir
die ganz analoge 3te auf u mit zu Hülfe nehmen.

N. Bågajådis   duvartis Kurus   gåtus

A.	Bâgajâdim	duvartim	Kurum	gâtum
I.	Bâgajâdajâ	duvartajâ	Kuravâ	gâtavâ
G.	Bâgajâdais, Bâgajâdâis	duvartais	Kuraus	gâtaus
L.	Bâgajàdaij(â) ê(jâ)	duvartaij	Kurauv(â)	ô(ôiâ).
V.	— — --		— —	

Plural.

N.	duvartâja	gatâva
A.	— —	— —
I.	duvartibis	gâtubis
G.	duvartinam	gâtunâm
L.	duvartisuv	gâtusuv.

Der Gen. Bâgajadais ist klar, der Nom. des Monatnamens würde bei R. als Bâgajâťis erscheinen müssen. Ausserdem kommen Genitive auf âis vor, z. B. Ćispâis, Ćićiḱ râis, die ich nur für graphisch unterschieden halte von Formen, wie Fravartis. Ueber den einzig dastehenden Genitiv Dârajavahus habe ich oben schon gesprochen, er steht auf einer Stufe mit Ćispâis, das für Ćispahis steht. *) Bâgajâdajâ schliesse ich aus Formen wie uztajâ, verbunden mit gâtavâ. Der Locativ der Worter auf i findet sich allein und mit der Verlängerung â in Bâḱ taraijâ, Harauvataijâ; der der Wörter auf u ist durch Formen, wie Bâbirauv und Bâbirauvâ vollkommen klar. — Der Nom. Pl. ist von beiden Declin. sicher nicht zu belegen; für v spricht die Form dahjâva,

---

*) Der Genitiv Cispisahjà kommt auch vor, ist aber kein Genitiv von Ćispis, sondern von Ćispisa, einem nach der Art des Pali erweiterten Thema. Das pisa ist vielleicht die Endung πίσης, die in einzelnen Eigennamen, z. B. Σπαργαπίσης, der persisch zu sein scheint, vorkommt.

das freilich Feminin ist, für j habe ich vielleicht ein Beispiel; doch glaubte ich auch der alten Form bagâha, wo
h dasselbe für a ist, was j und v für i und u, dieselbe
substituiren zu dürfen. Das Uebrige ist aus der Analogie restituirt; für gâtunâm spricht dahjunâm, für den
Locativ dahjâusuv. Die Femina sind auch hier schwierig zu behandeln.
Man muss wohl zwei Classen annehmen wie im Skrit,
von denen die eine sich mehr der masculinen Form anschliesst, die andere eine der ersten weiblichen Dekli-
nation analog ist. Von der ersten kennen wir vielleicht Stämme auf i und u, von der zweiten nur solche auf i. Als Hauptwort der ersten steht dahju da,
im Nom. dahjâus, welches â es in allen Casibus, ausgenommen dem Genitiv Pluralis behält. Der Genitiv der
Wörter auf i kommt leider nicht vor, sollte atijâis und
patijâis hierher gehören, so möchte er auch dahjâus lauten; doch ist dies nicht sicher. Der Instrument. hiesse
vielleicht dahjâwâ, der Acc. behält die gunirte Form bei
und lautet dahjâum. Merkwürdig verschieden ist der
Genitiv dahjunam vom Locativ dahjâusuvà.

Die andere Classe hat mehr den Femincharakter,
bumis, dipis. Gen. heisst bâmijâ, dipijâ, Acc. bumim;
andere Formen liegen nicht vor, wenn man nicht duva-
rajâ als Loc. hierherziehen will, was ich nicht billigen
möchte.

Auch Stämme auf Consonanten bietet das Altpersische dar. Auf r die Verwandtschaftsnamen pitar,
brâtar, mâtar, im Nom. pitâ, brâtâ, mâtâ. Gen. kommt
pitra vor, dem Zend. brâtrô, pitrô, für brâtras, pitras,

entsprechend. Denn die nomina actoris auf târ, wie framâtâr, daustâr, żatâr, im Nom. â, im Acc. âram.

Auf s führen wir den Königsnamen ʿKsajârsâ an, Benfey hält für das Thema ʿKsajàrsan; es fragt sich nur, ob man den Acc. nicht auf Ksajârsânam bilden müsste, und ob die Zusammenziehung in âm wirklich zu statuiren ist): ferner Auramazdâ, oder vielmehr mazdâ, zd. mazdâo. Ueber den Acc. s. Benfey s. v. Auram. Der Königsnamen würde so deklinirt werden: ʿKsajârsâ, ʿKsajârsâm für Ksajârsâham, instr. ʿKśajârsâ, gen. ʿKsajârsâha od. — âhâ., loc. wohl. ʿKsajârsâhj.

Auf t haben wir napâ von napat, wie im Ved. napât.

So können wir es unternehmen auch ein Neutrum auf is zu decliniren hadis, Sitz R. haťis. Neut. hadis. Instr. hadisâ, gen. hadisa oder hadisâ, loc. hadisij. Letztern Loc. glauben wir wiederzufinden in dem avahjarâdij, dessen Sinn „deswegen" ist; wie Benfey arťê hat hineinbringen können, ist mir nicht klar, denn R. ť entspricht nicht dem Scr. ť. Râdij mag Locativ sein von einem Worte râd, vielleicht verwandt mit dem Pers. avarada, mit râçta zd. u. pers., neup. râst, scr. rad. Vielleicht ist auch avahja Locativ von ava, scr. avasmin für avasmi. Das m fällt im Scr. u. Zend. in einigen Formen aus, namentlich im Feminin.

Hier gehört auf padij, Rawl. pâťija, das nicht gleich ist pâdê, wie Holzmann S. 85 will, sondern scr. padi.

Die Pronomina sind uns ziemlich vollständig erhalten. Ich setze sie hier mit den wahrscheinlichen Formen *).

---

*) Die mit *) bezeichneten Formen sind unbelegt.

	Erste Person.		Zweite Person.	
N.	adam	wajam	tuvam	źújam *)
A.	mâm	—	tuvâm	—
J.	—	âmâbis *)	—	źusmâbis *)
G.	manâ	âmâkam	tuvanâ *)	źusmâkam *)
	maij		taij	—
Ab.	ma	—	ta	—

Die Formen âmâbis für âhmâbis wie âmij für ahmij
nehme ich aus âmâkam; dem zd. źujĕ̌m, neup. s͛umâ
aus źumâ, analog formire ich źujam, und ferner źus-
mâbis, źusmâkam. Die Enclitica maij (R. m͛iya) bedeutet
gew. manâ, und bezieht sich auf das folgende; ma wird
angesetzt, wenn das im oblig. Casus stehende Pronomen
vom vorhergehenden Worte abhängig ist, z. B. haćâma,
paruvama; in hacâma ist die Bedeutung die des Instrum.

Das Fürwort der dritten Person ist huva, scr. sva,
svajam. Das Nominativzeichen ist gänzlich verloren,
Casus sind durchweg nur als Enclitica vorhanden saij u.
sim, ferner sâm das für den Plural gebraucht wird. Die
Rettung des s vor a schreibe ich dem Einfluss des ursprünglichen i vor s͛ zu, wohl entstanden aus tjaisâm,
saij schreibe ich nach Analogie von maij, wo der Diphthong erwiesen wird.

Die Declination der Pronomina ist für uns von
grossem Interesse, da sie sich nahe genug an das scr. und
zd., und somit auch an die andern verwandten Sprachen
anlehnt. Als Beispiel geben wir das scr. sja, altp. hja,
mit relativer Bedeutung.

Plural.

N.	hja	tjâ	tja	tjaij	tjâ	tjâ

A. tjam tjâm tja   tjâ tjâ
J. tjanâ tjahjâjâ tjanâ   tjaibis tjâbis tjaibis
G. tjahjâ tjahjâjâ tjahjâ   tjaisâm tjâsâm tjaisâm
L. tjaihj   tjaisuv tjâuv tjaisuv.

So geht auch ava, ima, ka, anija, welche reine
Form Nominat. des Mascul. u. Neutrums ist, dort ist s,
hier d fortgefallen; beides erscheint vor ć, in kasćij,
anijascij in s verwandelt. tjanâ findet sich neben anijanâ
als Instrumental ganz dem ved. ähnlich, er findet sich
nur in diesen Formen. Ueber d. Gen. u. Instr. des
Feminins bin ich in Zweifel, vielleicht besser tjâmijâ.
Den Loc. nehme ich entweder tjahja oder tjâni an. Der
Diphthong in tjaij steht fest, er gründet sich auf imaij,
avaij; ebenso kommen die Genitive imaisâm, avaisâm
vor; was genau dem scr., zend. und den veränderten
Sprachen entspricht. Die übrigen Casus sind entsprechend den schon bekannten gebildeten: doch kommen
sie in den Texten, die uns zugänglich sind, nicht vor.

Einige Formen finden sich ausserdem, die auf ältere
vedische zurückweisen, so kâ, ahiâjâ (wofür auch merkwürdiger Weise einmal ahijâjâ, hamahjâja, worüber Benfey siehe.

Was das Verbum anbetrifft, so sind wir durch die
vorliegenden Texte leider nicht in den Stand gesetzt,
etwas zu wissen, was über die allervagesten Umrisse
hinausgeht. So viel ist aber klar, dass die Perser einen
Reichthum an Zeiten, besonders an Moden gehabt haben, die das classische Sanscrit schon längst verloren
hat, und die nur noch in den Veden sich findend, den
formellen Reichthum der Altpers. Formen auf das aller-

glänzendste rechtfertigen. Für unsern Zweck, die Formen aus dem Hülfsmittel der paläographischen Eigenthümlichkeiten des Altpers. zu erklären, bietet sich für
die Verben allerdings wenig dar.

Das allgemeinste möchte dieses sein: das Altpersische hat zwei genera verbi, das Activ und Medium,
dieses ist für den Präsens, wo wir jenes ziemlich genau
kennen, noch gar nicht belegt. Die Personen sind: âmij,
âhj, atij, mahja, atâ, atij (vielleicht antij zu sprechen.)
tahjamahja, das Benfey mit scr. gadjamahê zusammen
stellt, gehört nicht hierher; es ist die Form Parasmaipa-
dam. ved. masi, zd. mahi, pers. folgerecht mahja. Das
zd. dh des Mediums maidʿê, müsste in madaij enthalten
sein. Ausser Zweifel setzt uns âmahja, scr. asmasi, zd.
ahmahi. Die dritte Prs. Plur. ist noch in hatij enthalten, zd. heñti, scr. santi.

Das Imperfekt ist ziemlich unvollständig belegt, die
erste und dritte Person oft, die andere fast ganz und
gar nicht. Im Activ lautet die erstere am, die dritte a,
aus at, ebenso die dritte plur., aus an enstanden. Das
M. lautet in der 1. p. auf ê, geschrieben aij, z. B. pa-
tijâwahaij; ich rechne auch hierher patijakʿsaij, von kʿsi,
vielleicht für akʿsajaij. N. R. 19. Die dritte Pers.
Sing. kommt häufig vor, sie lautet tâ, udapatatâ, agar-
bajatâ, aganbatâ. Die 3. p. p. lautet atâ, antâ, wohl
abañtâ, abarañtâ, der Schrift nach nicht verschieden von
d. Singular.

Der Potentialis findet sich auch in einzelnen Formen; hja von ah sein, von bu bijâ, aźmijâ, avazanijâ.

Der Imp. ist in folgenden Formen vorhanden: dij,

2. p. sing., dann die einfache Form ohne dij., z. B. apa-
gaudaja. tâ 2. p. pl.; im Med. 2. p. sing. uvâ, zd. qa,
scr. sva. ferner die 3. p. sing. tuv, dadâtuv, danutuv,
pâtuv, oder plur. varnavatâm oder varnavatâm. Das
dij ist das scr. und zd. d῾i, gr. ϑι, wie schon bekannt
ist. Es ist wunderbar, dass Rawl. und mit ihm Benfey
die Form, die R. prit῾ija schreibt, so verkennen konnten. Die Bedeutung, Liebe, passt in sofern nicht als
mâm nicht gut fehlen könnte und die Brachylogie der
Perser auch nicht so weit zu gehn pflegt, solches aus-
zulassen. Ausserdem müsste lieben fri heissen, vergl.
zd. âfritôis. Es ist einfach parîdij, ziehe aus, was sehr
gut zum Folgenden passt: kâram tjam hamitrijam żadij,
„schlage das aufrührerische Heer." So ist auch parîtâ —
żatâ zu erklären; Angesichts des Part. paraitâ schwer
zu verkennen, um so schwerer für den Mann, dessen
Scharfsinn dieses Wort glücklich erklärt hat.

Den Lêtmodus hat das Altpers. in reichem Maasse,
einige der schönsten Beispiele sind: ahatij, kunavâhj,
niraçâtij, das ich ganz anders erkläre als Benfey.

Ueber die andern Tempora ist noch wenig zu sagen;
eine Form des redupl. Pers. kommt vor: ijaçaj für ijaçaij
wie auch taj für taij vorkommt (IV, 59), wie Benfey erklärt. Ausserdem kommen noch mehrere Aoriste vor,
über die ich hier schweige.

Die Conjugationen d. Skr. scheinen sich zum Theil
hier einzufinden. Wir haben die 4. auf j, so żadijâ-
mij N. R. Sehr viele Causalen der 10.; ferner die
dritte in dadâtuv, adadâ. Die interessantesten Formen
sind die des Verbi kar, machen, das der fünften Con-

jugation angehört; wir haben uns die Behandlung des interessanten Verbi bis auf jetzt aufgespart, da wir von ihm so viel Trümmer übrig haben, um aus ihnen das einstige Gebäude zu erkennen. Die Conjugation ist dem ved. krṅómi analog, so wie dem zd. kerenómi, andererseits d. pers. kunem; das r des Inf. u. Perf. mekerem ist schon im Altpers. im Präs. verloren. Es hiess wohl kunaumij, kunausij, kunautij, kunumahja, kunuta, kunuvantij. Das Imp. lautet: akunavam, akunaus (akunauhja?) akunaus, akunumâ, akunutâ, akunava. Der Lat.: kunavâmij, kunavâhja, kunavâtij, kunavâmahja, kunavâta (jadâta B. V s. f.) kunavântij, (scr. grhjântâi). !Der Imp. lautet: kunu oder kunudij, kardij, kunutuv etc. kunuta. Doch scheinen diese Formen häufig zusammengezogen zu sein, was akumâ, akutâ beweisen, akutâ ist wohl akunta zu lesen für akunuvatâ wohl nicht wie B. will, für ved. akrtâ, sondern med. Form; letzteres würde wohl akartâ heissen müssen. Die med. Form d. vielförmig. Aor. möchte ich akarsij bilden, nach Analogie v. adarsij, hamataksij, scr.,adarsi, was ich nicht von scr.,dris, sondern dri ableite, mit Lassen, p. dar. Auch von reduplic. Perfect giebt sich eine Spur kund in der conjunctiven Form ćak‘rijâ; neben ijacaj wohl so ziemlich die einzige Form des redupl. Perfekts. Das k durch Einfluss d. r. Auch vom Futur findet sich eine Spur karijisijâmij (f. karjisjâmi) wie Lassen in N. R. b. ergänzt hat.

Auch vom Passiv findet sich eine Spur; so liest man akunavajata, das sich, wie Benfey bemerkt, genau an d. ved. akrṅvita anschliesst. Ausserdem finden sich noch einige Formen wo j an den Stamm der Verben tritt, so tahjamahja, atahja, beides Aotivformen.

Ausserdem findet sich auch eine Intensivform ćija-karam, scr. cíkaram, doch scheint mir die einzige Stelle, wo es vorkommt, noch nicht gehörig klar.

Diese Auseinandersetzung des Verben macht am wenigsten auf Vollständigkeit Anspruch, was sie der Natur der Sache nach schwerlich könnte. Um das Persische Verbum kennen zu lernen, muss uns noch mehr Material zugänglich werden.

Ueber die Adverbia und Partikeln ist manches zu sagen; Benfey hat im Glossar das vorhandene sehr vollständig zusammengestellt. Die Präpositionen sind die d. Skr. u. Zd., aus prati, wird patij. Von Conjunctionen sind ćâ, utâ, vâ schon von andern beleuchtet. Das R. nija, die von Hitzig und Holtzmann so verkannte Negation, möchte ich naij-nê schreiben, vergl. zd. noit, scr. nêt, so auch adakaij-adakê, ferner ćaij-ćê, scr. ćêt.

Nachdem wir so einiges aus der Formenlehre mehr oder weniger im Zusammenhang durchgegangen, möchte ich noch einzelne Blicke, auf einzelne Stellen werfen, deren Erklärung noch manches zu wünschen übrig lässt.

Zuerst B. I, 13. imâ dahjâwa tjâ manâ patijâis; hier schwanke ich, ob ich patijâis als Gen. von einem Stamm patijis, oder patijâisa als Aor. von patiji nehmen soll, ich entscheide mich für das Letztere, und übersetze: „die mir unterworfen waren," wörtlich, „die mir zugingen." So nehme ich auch atijaisa, B. III, 71, als vorbeiziehn.

Schwierig noch ist I, 23. aprijâja, das ich aparijâja lesen muss; mit lieben hängt es gewiss nicht zusammen; die Liebe gehört hier so wenig hin, wie in die Anreden an die Krieger, in den Kampf zu ziehn; es müsste die Form einfach afrija höchstens afrijatâ für afrijantâ heissen, vielleicht afrinaw(a)jantâ. Der Satz lautet imâ dahjâwa tjanâ manâ dâtâ aparijâja, dem Sinne nach: „diese Länder waren durch dieses mein Gesetz beherrscht;" ich lese tjanâ, denn ich habe noch nicht das Recht, in einer Sprache, die ich fast gar nicht kenne, dem Steinmetz einen grammaticalischen Schnitzer unterzuschieben. Leichter wäre indess tjâ. Die Form des Instrumentals steht indess fest und wir müssen auch dâtâ als solchen nehmen. Das aparijâja als Verbum zu fassen hat auch seine grossen Schwierigkeiten; die Endung weist auf ein Imperfekt, so wie der Zusammenhang; doch kann man das Aügment nicht unterbringen; denn nimmt man a als Augment, so bleibt parijâ nach, wie garbâ, mit dem ich nichts anfangen kann, denn parij sieht aus wie ein Passiv, nicht wie ein Causal, das pâraj heissen müsste, und wirklich so vorkommt; höchstens könnte man es dann als Causal einer Passivform nehmen, die so weit mir bekannt, nicht vorkommt; und gegen den Sinn sträubt sich auch dann der Instrumental. Oder man trennte apa ab, dann bekäme man rijâja, was um nichts besser. Ein anderes Auskunftsmittel wäre aparijâja als Nom. pl. eines adjectiven Themas auf i zu fassen, etwa von aparijis, was, wenn patijâis, atijâis wirklich Genitive sind, als ein von einer Präposition abgeleitetes Hauptwort, zu erklären sein möchte, wie deren vorkommen z. B. scr. apatja von apa; parij heisst altp. auch gegen (R. 1, 54) parijis, der Widerstand, aparijis, keinen Widerstand leistend, unterworfen. Doch muss ich diese Erklärung selbst als eine solche hinstellen, die eben so leicht unwahr, als wahr sein kann.

I, 43. paçâwa Kabug'ija uvâmarsijus amarijatâ. Benfey übersetzt: „Darauf starb Kambyses vor übergrossen Zorn." amarijatâ ist deutlich; das a nach m darf aber nicht eingeklammert werden, wie es R. thut, die Passivform tritt an die Form mar, nicht an die Skrtform mri. Uvâmarsijus erklärt B. aus uv für su, âmarsijus, nicht duldend von mars, scr. mrs, sehr ungeduldig, und entwickelt hieraus seine Ansicht. Ich glaube in dem uvâ das Sanskrit sva, svajam zu erkennen, wie in uvâipsijam, wo ich nicht wie Benfey zweifelhaft bin. Das Folgende scheint mir ein Ueberrest der Desiderativform von mar zu sein, ohne die Skrtreduplication in mumûrsu s. Das j erkläre ich aus dem auch anderweitig vorkommenden Gebrauch, zwischen s und u ein j einzuschieben, und übersetze, durch Selbstmord, „sich selbst zu tödten wünschend." Dass es gegen Herodot zu sprechen scheint, macht nichts aus; denn auch jene andere Auslegung stimmt mit dem Vater der Geschichte nicht überein, der eine Selbstverwundung des Königs überlieferte; vielleicht schliesst das persische Wort diese Erklärung gar nicht aus, und ich habe zu übersetzen: K. starb sich selbst verwundend. Jene erstere Erklärung ist sehr gezwungen, das jus ist auch nicht erklärt, und die Λιτότης für „übergrossen Zorn": „sehr ungeduldig," ist gerade nicht sehr klein.

I, 68. hamataksaij leite ich von taks ab, scr. tax, was im Zd. zu tas geworden ist. Burnouf. C. Jaçna p. 143.

façonner. Ich übersetze: V. 70: „So ordnete ich nach dem
Willen des Auramazda, als ob Gaumata der Mager uns
das Land nicht entrissen hätte," anders als Benfey, dessen Uebersetzung auch dem Sinn nach nicht passt.

Ein weiteres Eingehen auf alle zweifelhaften Stellen würde hier zu weit führen; auch sind der Stellen
gar manche, die nicht so bald zu erledigen sind, namentlich in d. 4ten Columne der Bisitun. Inschrift, die leider
sehr dunkel ist, und die ihre völlige Aufklärung erst
durch die Uebersetzungen wird finden können, wofern
letztere nicht auch zu sehr beschädigt sind.

Einzelne Sachen aus den anderen Inschriften möchte
ich noch berichtigen. Die Inschrift J. sagt am Ende:
huvaćij Aurâ nirâçâtij abij imâm vitam. Benfey nimmt
huvaćij für „wohl zu preisen," aus hu und vaćija; doch
würde su wohl u lauten, nicht hu, und scr. vâćja, was
dort freilich andere Bedeutung hat, müsste auch hier â
nach sich ziehen. Die Wahrheit liegt sehr nahe; das
Wort ist huva + ćij, wie Cap. 14. avaśćijâ steht, und
es bezieht sich wie dort auf Auramazdâ, hier auf Aurâ.
nirâcâtij, was B. nirâsâtiya liest, ist auch nicht zu erklären, wie Benfey es thut; ein Causal von sad müsste
çâdaja und nicht çaťija lauten; und nis kann im Pers.
nicht zu nir werden, wenn es überhaupt vorkommt; vergl. dusijâram, was durijâram heissen müsste. Auch hier
liegt die Sache näher, das Wort ist: ni + râçâtij und ist
ein Conjunctiv, mit der Bedeutung niedersenken. râçâtij
ist wohl verwandt mit raç, was in araçam vorkommt, mit
dem Benfey selbst passend das neup. reçĭden verglichen
hat. Aurâ ist so Nom. und nicht Vocativ, vielleicht von

einem andern Thema als Aura. Die Enclitica ćij ist
wohl nicht gut zu übersetzen; ich hätte Lust, ćaij zu
lesen, und „wenn" (scr. ćêt) zu erklären, wenn nicht
die Parallelstelle, wo cijâ steht, diese Erklärung gar
nicht zuliesse. Vielleicht soll es das huva mehr her-
vorheben. Der Sinn ist wohl: „Er, Aura, senke sich
nieder auf dieses Land." Hitzig's: „Durchdringer Aura,
Nässevertilger," könnte somit zu tilgen sein.

In der Inschrift von Nakschi Rustam ist vieles von
Benfey richtig gedeutet, was Hitzig missverstanden hatte.
Doch scheint einiges mir von letzterem richtig erklärt
zu sein; namentlich in der Völkertafel. Lassen's geist-
reiche Erklärung des Çapard hätte von B. nicht ignorirt
werden dürfen; Sparta hätten die Perser Çparta gebildet;
auch passt Lydien besser in diese Stellung zwischen
Cappodokien und Jonien (wohl Jauna, Jôna zu lesen).
Taradaraja scheint bis auf weiteres nicht unwahrscheinlich, das Hitzigsche dardaraja und das durch Wagen gewonnene oder vielmehr nicht gewonnene (vergl. S. 68.)
çkudra = gr. σφόδρα, sehr, sind zu der Art Erklärungen zu nehmen, die verunglücken, weil man zu scharf-
sinnig ist und durchaus etwas lesen will, was nicht dasteht. Dass die Perser die Skyther „Saker" genannt
haben, hat seine unbestreitbare Richtigkeit, vergleiche
auch scr. çakâs, doch gewiss kommt von einem Volksstamme der Name her, der dann für das ganze Volk
gebräuchlich wurde; dasselbe gilt aber auch von dem
gr. Namen Σκύθαι, der auch von einem Volksstamme
herzustammen scheint, und diesen Volksstamm, wahrscheinlich in der Nähe Griechenlands wohnend, finde ich

in Çkudra wieder; einen Anklang finde ich im Mons
Scodrus. Die Beschreibung wendet sich südlich zu den
europäischen Griechen, Jaunâ, wo der Volksname, nicht
der Landesname, steht, was bezeichnend ist. Dann
wende ich mich mit Hitzig nach Libyen, wohin ich das
Takbarâ verlege, mag es Barke oder Tabraca, was H.
will, sein. In Putija Kusijâ erkenne ich wirklich die
Putim u. Cuschim der Bibel, und dieses Resultat scheint
mir das einzige haltbare, das die sonst mit grossem
Scharfsinn ausgeführte Schrift Hitzig's gebracht hat.
Ueber das folgende mâdaijâ bin ich mir noch nicht klar;
sollte es wirklich „im Westen" bedeuten? Dann nehme
ich es für die Locativ mit hinzugefügtem â. Das Karkâ,
das den Beschluss macht, vergleicht H. mit Barke, es
möchte sein; doch schlage ich etwas anderes vor, wodurch zugleich die Inschrift ungemein an Interesse gewinnen würde: ich finde hier den Namen der Stadt, die
hier dem Darius unterthan erscheint, doch den Fall des
Perserreiches und die Blüthe des Macedonischen Reiches überlebend, drei Jahrhunderte später seiner glück-
lichern Nebenbuhlerin den Glanz der Weltherrschaft streitend machten. Karthago's Name lautet nach Gesenius
קרת חדשת; wie es ausgesprochen, können wir wegen der
verschiedenen Bezeichnungen der Griechen und Römer
nur annähernd erkennen, vielleicht kartchêdest; auf sicil.
Münzen kommt קרקת vor, was einige auf Karthago bezogen
haben, andere, unter diesen Gesenius, der auch anders liest,
nicht; wäre es Karthago, so wäre unsere Erklärung sicher.
Doch auch ohne dieses ist sie wahrscheinlich; die dop-
pelte, gr. und röm., Form bürgt dafür, dass der einhei-

mische Name nicht jedem Ausländer auszusprechen geläufig, daher in dessen Munde der Verderbniss sehr
ausgesetzt war. Ausserdem wissen wir aus Justin (XIX,
I.), welcher spätern Quelle wir leider viel Gewicht ein-
zuräumen genöthigt sind, dass die Karthager in einer
Art von Abhängigkeitsverhältniss zu dem Darius standen, wenn auch aus der Erzählung hervorgeht, dass dem
Perser diese Botmässigkeit grösser zu sein schien, als sie
es wirklich war *). Es ist daher gar nicht unwahrscheinlich, dass Darius diese mächtige Stadt zu seinen Unter-
thanen zählte, wenn sie auch in Wahrheit nichts weniger als dieses sein wollte.

Zuletzt habe ich aus der Masse folgende Einzelheit
hervor: adatadaij Auramazdâ dadâtuv (udâtuv in H. ist
bestimmt ein Fehler). Ich kann ad. nicht erklären; es
scheint ein Locativ zu sein, vielleicht „in Gnade" oder
dergleichen. Dadâtuv ist aber gewiss nicht v. dʿâ, sondern v. dâ; warum Benfey dieses aus der altp. Sprache
entfernen will, kann ich nicht einsehn, da die Existenz
der Wurzel erwiesen ist, einmal durch Namen, dann
durch durch d. Neupersische. Die Bedeutung dʿâ als
walten, möchte Herr Benfey schwerlich nachweisen; die
Bed. geben passt zum Vorhergehenden weit besser. Auf
ein sudʿâtu lasse ich mich nicht ein.

Eine durchgreifende Kritik der Uebersetzung der
altp. Texte zu liefern war hier nicht meine Absicht; ich

---

*) Dahlmann hat die Glaubwürdigkeit dieser und anderer
Ueberlieferungen Justins über Karthago bestritten, doch bietet das
Schweigen Herodots allein keinen hinlänglichen Beweis gegen diese
keineswegs unnatürliche Sache.

schreibe dieses auch an einem Orte, wo die Materialien
sehr beschränkt sind. Bei der Aufstellung meines Ver-
suchs, die Eigenthümlichkeiten, die das altpersische Lautsystem vor dem anderer Sprachen zu haben schien, durch
eine einfache Betrachtung zu heben, und dadurch etwas
Licht auf die Dunkelheit des Vocalismus zu werfen,
wollte ich ein oder das andere die Erklärung betreffende,
nicht übergehn. Die Resultate fasse ich in Kurzem zusammen:

1) Im Altpersischen existirt keine· Affektion eines
Consonanten durch einen folgenden Vocal, weder eine
Aspiration, noch Attenuation; auch hat das Altp. für
jedes Organ nur e i n e Aspirata.

2) Die verschiedenen Bezeichnungen für dieselben
Laute sind nur graphisch, abzuleiten aus einer Silbenschrift, die der jetzt vorliegenden altpersischen Buchstabenschrift voranging.

3) Für jede durch einen Consonanten und einen
der drei Hauptvocale gebildete Silbe hatte jene Silbenschrift ein Zeichen; den einfachen Consonanten drückte
die Bezeichnung der Silbe in a aus; die Diphthonge ê
und ô wurden gebildet, indem zu dieser Bezeichnung
ein i oder u trat.

4) Von dieser früheren Silbenschrift gingen mehrere Zeichen verloren, als sich die Buchstabenschrift
herausbildete; man behielt das Zeichen für die Silbe in
a, und stellte nun zur Bildung der Silben in i und u
die entsprechenden Vocalbezeichnungen daneben.

5) Von mehreren Buchstaben erhielten sich die
früheren Bezeichnungen der Silben in i oder u; alsdann

wurde auch in der spätern Buchstabenschrift zu diesem früheren Silbenzeichen der entsprechende Vocal gesetzt, um die Silbe zu bezeichnen. So erklären sie die nur vor einem bestimmten Vocal vorkommenden Zeichen.

6) Tritt nun aber, wenn für die Silbe in i oder u die Bezeichnung erweislich sich erhalten hat, zu der Silbe in a ein i oder u, so ist diese Silbe in ai oder au, resp. ê oder ô zu lesen.

7) Nach grammatischer Analogie sind wir befugt, diese nun bekannte Diphthongen-Bezeichnung zu Zeiten auch dann eintreten zu lassen, wenn sie aus den Buchstabenzeichen selbst nicht erwiesen werden kann.

8) Nur in einigen wenigen, freilich sehr häufig in Anwendung kommenden, Fällen inhärirt einem auslautenden Consonanten ein a; die Fälle sind nur durch den Fortfall eines Consonanten begründet.

9) Das â ist im Inlaut gewöhnlich lang; eine Bezeichnung für die Länge der Vocale i und u findet sich nicht.

10) Ein zu einem auslautenden i oder u hinzutretendes j oder v ist nur eine graphische Eigenthümlichkeit.

11) Euphonisch hingegen ist das j oder v, wenn es, wie dieses regelmässig geschieht, zwischen ein i oder u und einen andern Vocal eingeschoben wird.

12) Tritt daher ein j oder v zwischen einen Consonanten und einen Vocal, so ist, mit einigen Ausnahmen, der vorhergehende Consonant mit inhärirendem a zu lesen.

13) ij und uv sind im An- und Inlaut vor einem

Consonanten stets ija und uva, niemals i oder û zu lesen.

14) Die Vriddhidiphthonge âi und âu sind im Altpersischen nicht zu erweisen; im Anlaut sind âi und âu stets nur ê und ô.

15) Der Anusvara in der Mitte des Wortes wird nicht geschrieben, wohl aber ausgesprochen.

Diese Sätze berühren Fragen, deren Beseitigung zu den ersten und nothwendigsten Forderungen gehört, um in der Spracherklärung weiter zu gehen; möge ich sie richtig beantwortet haben.

Hamburg, Juni 1847.

Dr. Julius Oppert.

Nachwort.

Elf Jahre sind jetzt verflossen, seitdem der Schleier der Unkenntniss, der die Sprache der alten Perser bisher umhüllt hatte, hinweggezogen wurde, nachdem sie zwei und zwanzig Jahrhunderte schon nicht mehr zu den lebenden zählte. Die vernichtende Zeit gönnte uns von der ganzen altpersischen Literatur nur einige Inschriften, den Felsenblöcken von Persepolis, Ekbatana und Bisutun anvertraut. Diese enthalten den ganzen altpersischen Sprachschatz, der sich durch die Jahrhunderte vernichtender Umwälzungen, die den Ländern Asiens eine äusserlich veränderte Gestaltung gaben, bis auf unsere Zeiten hinuntergerettet. Das Dunkel, das Jahrtausende hindurch auf diesem Momente ruhte, aufgehellt, und diese ihrer Schrift und Sprache nach unbekannten Inschriften endlich entziffert und erklärt zu haben, ist eins der glänzendsten Resultate moderner Wissenschaft; unvergänglicher Ruhm bleibt daher den Männern, denen es vergönnt war, in diese Geheimnisse des asiatischen Alterthums zuerst siegreich einzudringen.

Das hohe Verdienst, die Geltung der Buchstaben im Ganzen richtig bestimmt zn haben, kann jetzt keine Macht der Welt jenen Männern nehmen; die Resultate

gehören nicht der Kategorie des Vagen, sondern der
des mathematisch Gewissen an; in vorliegender kleiner
Schrift glaubt der Verfasser nur, einzelnes annährend
richtig gefundene dem Werthe nach näher bestimmen
zu können, als dieses bis jetzt geschehen ist.

Der Verfasser geht von dem leitenden Gedanken
aus, jetzt das jetzt uns vorliegende Altpersische Alphabet sich aus einem syllabarischen Schriftsystem entwik-
kelt habe; er findet die Ueberreste desselben in den
nur vor einem bestimmten Worte vorkommenden Con-
sonantenzeichen. Die Silbenschrift scheint überhaupt
fast überall das frühere zu sein, indem man erst später
zur Abstraction des Buchstaben gelangte, und zuerst nur
für den hörbaren Laut, nicht aber für die Elemente desselben versinnlichende Zeichen schuf. In den uns vorliegenden Schriftgattungen hat jene ursprüngliche Schrift
bald bedeutendere, bald geringere Spuren zurückgelassen.
So sind die Sanskritische, die Semitischen Schriftarten als eine Art von Silbenschrift zu betrachten, nur mit
dem Bemerken, dass dort der Laut in seiner Bezeichnung
nicht als ein Ganzes, in seine Bildungsmomente nicht
Zerlegtes uns entgegentritt, sondern die Silbenbezeich-
nung als aus der elementaren Bezeichnung auf analoge
Weise zusammengesetzt, und somit diese letztere als
ein früheres erscheint. Anders ist dies im Altpersischen;
dieses deutet wie die beiden andern persepolitanischen
Schriften und die Chinesische, in den Lautbezeichnun-
gen nicht die bildenden Elemente an; hier tritt eine
Bezeichnung für den Silbenlaut ein, die mit denen der
elementarisch verwandten keine Aehnlichkeit hat, wir

finden in den Zeichen für da und di nicht den gemeinsamen Consonanten, in denen für mi und di nicht den gemeinsamen Vocal wieder. Im Altpersischen hat sich nun, umgekehrt wie in jenen obengenannten Sprachen, aus den Zeichen für die mit Consonanten anlautenden Silben die Bezeichnung der Consonanten selbst gebildet, z. B. aus den Silben da, di, du die drei Bezeichnungen für d. Es liegt nahe, diese Eigenthümlichkeit der altpers. Schrift mit der einer andern, nämlich der hieroglyphischen zu vergleichen, und man könnte hieraus einen Einwand gegen die Richtigkeit unserer Meinung machen, dem wir entgegnen zu müssen glauben.

Man hat nämlich nicht mit Ungrund die Meinung ausgesprochen, dass die einzelnen Buchstabenzeichen aus Bildern gewisser Gegenstände entstanden seien; ein solches Bild sei nun zuerst entweder Ausdruck für den der dargestellten Sache bezeichnenden Laut, dann auch für die anlautende Silbe des Wortes, oder für dessen Anfangsbuchstaben gewesen. Alle diese drei Ausdrucksweisen bieten die ägyptischen Hieroglyphen dar, in sofern sie entweder Begriffs- oder Silben- oder Buchstabenzeichen sind; die Schrift der Chinesen, deren Sprache Wort und Silbe identificirt, zeigt die beiden ersten; die letzte Art tritt uns im phönizischen und somit europaischen Alphabet entgegen. Bei allen diesen Schriften ist die Entstehung der Buchstabenform aus bestimmten Bildern fast noch ganz nachweisbar. Anders im Altpersischen und den andern Keilschriften; hier möchte diese Ableitung vielleicht eine Anwendung finden können; doch können wir die Entstehung aus mehreren Gründen

keineswegcs mehr nachweisen. Einmal steht uns der
Sprachschatz nicht so zu Gebote, dass wir auch nur
mit einiger Sicherheit aus der Gestalt der Zeichen auf
einen durch dasselbe dargestellten Gegenstand schliessen
könnten, dann aber, und dieses ist der wichtigste Grund,
wurde die Aehnlichkeit mit dem oder jenen Gegenstande
verwischt durch die Rücksicht, die man auf die prak-
tische Ausführung der Schrift nahm. Die Forderung des
bequemen Aushauens der Figuren verdrängte die Aehnlichkeit des Bildes, wie im Chinesischen, wenngleich
noch in höherm Maasse. Mit praktischem Kenner-
blick sah man bald, dass der Keil für die Lapidarschrift
das geeignetste Schriftelement sei, indem zwei Meis-
selschläge hinreichend sein, denselben hervorzubringen;
und er brach sich in der Monumentalschrift so Bahn, dass
alle krummen Linien durchweg verbannt, und die Zeichen einfach durch Zusammensetzung dieses Elementes
gebildet wurden. Es wäre daher unbillig, wenn man von
uns verlangte, die Existenz der Silbenschrift durch die
Darlegung der Aehnlichkeit der Figuren mit einem Gegenstande zu erweisen, oder nur unter dieser Bedingung
dieselben annehmen wollte.

Ein anderer Einwurf, dem wir begegnen zu müssen
glauben, ist folgender: Wenn sich aus einer Silbenschrift eine Buchstabenschrift herausbildete, und zwar in
solcher Weise, wie wir im Altpersischen dieses annehm-
men, woher kam es, dass sich in der jüngern Schrift
gerade diese und nicht andre, oder gar alle, Buchstaben
erhielten? Warum retteten sich ausser dem da, auch di
und du, und nicht neben dem ba, auch bi und bu, wa-

rum neben dem ta, nicht auch ein ti, während doch ein
tu nicht unterging? Hierauf müssen wir allerdings die
Antwort mit dem Bemerken schuldig bleiben, dass wir es
nicht wissen, dass es jedoch auch in andern Schriftarten
so viel unerklärliche Unregelmässigkeiten und Abnormi-
täten giebt, dass wir uns unseres Nichtwissens nicht zu
schämen haben. Eine solche Abweichung kann durch
einzelne Zusfälle entstanden sein. Des Unerklärlichen
im Gebiete der Sprache und Schrift giebt es so viel,
dass nur eine ungesunde Kritik sich nicht gestehn möchte,
dass wir vieles nicht wissen, nicht wissen können, und
niemals dahin kommen werden es zu wissen; einer ge-
rechten Beurtheilung dagegen bleibt überlassen, zu bestimmen, was wir hätten wissen können und doch nicht
wissen.

Wir sehen in der altpers. Schrift die syllabischen
Elemente mit den Buchstaben in merkwürdiger Weise
vereinigt; diese Vereinigung jedoch spricht nicht gegen
das Aufgestellte. In andern Sprachen, die Buchstabenschrift haben, hat man etwas, was einen Vergleichungs-
punkt darbietet. Im Türkischen ist durch die arabische
Schrift die Correctheit des Vocalismus getrübt, man
nahm nun aus der Masse überflüssiger Zeichen, die diese
darbot, einige heraus, die man nur vor gewissen Vocalen
anwandte. So z. B. stehen ta und ssin nur vor hohen, t'e
und ssad nur vor tiefen Vocalen; die Laute sind ganz identisch, nur zur leichten Vocalbezeichnung nahm man das
Auskunftsmittel, das die Schrift darbot. (Schott. Recens.
d. türk. tatar. Grammatik des Kasem Beg. Jahrbücher
für wissenschaftl. Kritik Juni 1841. Kellgren Grundzüge

d. finnischen Stämme S. 30). So haben wir hier ein ähnliches, keinesweges gleiches Resultat, freilich aus ganz verschiedenen Ursachen hervorgerufen.

Ist aber die Existenz einer frühern Silbenschrift durch vorliegende Schrift nachgewiesen, wie Verfasser dieser gethan zu haben glaubt, oder ist, was für unsern Zweck dasselbe sagt, dargethan, dass die verschiedenen Aspirationen eines Buchstaben nichts weiter sind, als der einfache Buchstabe von diesem oder jenem Vocal, so mochte es nicht schwer sein, einzelne in der Schrift selbst erwähnte, doch unerklärt gelassene Eigenthümlichkeiten zu beseitigen. Wir haben (nach R's. Ausdrucksweise) darugha neben daruga, und avájhanam neben awájhanam. Es wäre erlaubt, da wir andere Formen daneben haben, die ersteren als Fehler zu verwerfen; man könnte aber auch dieselben so erklären, dass man einmal die Buchstaben g und v nicht als aus den Bezeichnungen ga und va, sondern als aus gu und vi entnommen ansieht. Doch entscheide ich mich eher für die erste Ansicht, weil wirklich das Richtige vorkommt, und auch andere Fehler und Verschreibungen nicht selten sind, weil ferner sonst kein Beispiel im Altpers. vorhanden ist, dass sich aus der Bezeichnung einer Silbe in i oder u die Bezeichnung des einfachen, stummen Consonanten abstrahirt hat, es ist immer die Silbe in a auch zugleich das Buchstabenzeichen. Begründet wird dies auch durch die Erscheinung, dass niemals derselbe Buchstabe vor i und u zugleich vorkommt, wenn wir ihn nicht auch vor a haben; dass dagegen immer dort, wo zwei Bezeichnungen eines Buchstaben

4 *

erhalten sind, die eine vor a und i oder u, die andere
dann vor u oder i vorkommt; zum Beweise, dass nie
die Bezeichnung der Silbe in i oder u den einfachen
Consonanten repräsentirt.

Manches mag in der kleinen Schrift noch uner-
örtert geblieben sein, was eigentlich nicht- hätte ver-
misst werden sollen. Eine gründlichere Untersuchung,
als Verfasser sie gegeben hat, hätte der neue Buchstabe R. ñ verdient, doch gesteht er zur genauern Bestimmung desselben ganz ausser Mitteln zu sein, ob es
ein Doppelconsonant, vielleicht rn, oder Silbenzeichen
ist, ist ungewiss, ins Blaue hinein kann man rathen,
aber nicht feststellen. Wegen etwaniger Versäumnisse
bittet er um Nachsicht: aus vielen zum Theil persön-
lichen Gründen, lag ihm eine Beschleunigung der Veröffentlichung am Herzen, zum Theil auch deshalb, um
den Männern, die zu solchen Arbeiten mehr berufen
sind, als er, die Veröffentlichung einer Ansicht nicht
vorzuenthalten, die, wenn sie begründet ist, manches
in der bisherigen Auffassung ändern könnte. Jeder, der
ein Scherflein, sei es auch so gering, wie das vorliegende, zur Förderung und Ausdehnung menschliches
Wissens darbringen zu können glaubt, möge es in eigen-
nütziger Weise nicht denen vorenthalten, die mit dem
geringen Pfunde besser zu wirthschaften vermögen, als
er es selbst kann; wenn es um das höhere Ziel der
Wissenschaft ankommt, müssen solche Rücksichten zu-
rückweichen.

Die Untersuchungen über das Altpersische berühren einen Gegenstand, der das orientalische und occi-

dentalische Alterthum gleich berührt; sie geben uns
Aufschluss über die Sprache eines Volkes, dem die
welthistorische Aufgabe gestellt war, zuerst dem Orient
den Occident näher zu bringen; wie seine Siege und
seine Niederlagen schon in früher Jugend uns bekannt
sind, so werden auch gerade die, die sich vorzugsweise
mit der Erforschung des griechischen Alterthums be-
schäftigten, diesen Studien ihre Aufmerksamkeit nicht
versagen können. In der Inschrift von Bisutun haben
wir das erste persische Geschichtsfragment über die Zeit
der Achämeniden; es giebt jedem classisch Gebildeten
die Genugthuung, dass die oft angefochtene Glaubwürdigkeit des Vaters der Geschichte auf das glänzendste
gerechtfertigt dasteht, es erfüllt jeden mit Dank gegen
die Hellenen, ohne deren zwar dürftige Nachrichten wir
jene originalen Ueberlieferungen kaum verstanden hätten,
und deren Zuverlässigkeit durch jede neue historische Entdeckung, ja durch jeden neu aufgefundenen Eigennamen
bestätigt wird. Es wird endlich jeden Orientalisten, der
Sinn für Geschichte hat, zwingen, den welthistorischen
Beruf des classischen Abendlandes als Trägerin der Geschichte anzuerkennen, und ihn nicht in den Wahn verfallen lassen, diese wirkliche Geschichte hinter die Sagen
des Orients zurückzustellen; es wird endlich auch Ein-
halt thun der bodenlosen Erniedrigung orientalischer
Wissenschaft auf der einen, und der ungemessenen Er-
hebung auf der andern Seite, die zu jener simultas der
classischen Philologie mit der jüngern asiatischen Anlass
gegeben haben, der Wissenschaft aber unwürdig sind.

Verfasser hat diese Betrachtungen in das Nachwort niedergelegt, da sie ihm für ein Vorwort weniger passend schienen; ein langes Vorwort zu einer kurzen Arbeit hat etwas Sonderbares und erinnert nur zu sehr an jenen weltberühmten Horazischen Berg. Ausserdem sollte dasselbe einiges ergänzen, was in der Arbeit nicht hätte fehlen sollen. Doch hofft der Verfasser, dass dieses Nachwort, das eine unpassende Vorrede unnöthig machte, auch zugleich ihn vor der üblen Nachrede von Seiten Anderer schütze, dass der vorliegende Gegenstand keinesweges ganz erschöpft sei, indem dies, wie gesagt, nicht in seinem Plane lag, sondern einer grösseren Arbeit vorbehalten bleiben musste.

Berlin, Juli 1847.

Der Verfasser.

Ueberstichtstabelle.

Lassen.	Rawlinson.	Meine Be-zeichnung.	Gebrauch vor
â	á, im Anlaut a	â, im Anlaut a	—
i	i	i	—
u	u	u	—
k	k	k	a, i.
q	kh	k	u.
g	g	g	a, i.
gʰ	gʰ	g	u.
kh	kʼh	k	a, i, u.
kʼ	ch	ć	a, i, u.
gʹ	j	gʹ	—
t	t	t	a, i.
dʼh	tʼh	t	u.
d	d	d	a.
kʼh	ṱ	d	i.
dh	dh	d	u.
ϑ	th	t	a, i, u.
p	p	p	a, i, u.
b	b	b	a, i, u.
f	f	f	—
m	m	m	a.
m	m	m	i.

Lassen.	Rawlinson.	Meine Be-zeichnung.	Gebrauch vor
gh	m᾽	m	u.
n	n	n	a, i.
—	n	n	u.
j	y‘	j	a, i, u.
r	r	r	a, i.
ś, r	r᾽	r	u.
w	w	v	a, u.
v	v	v	i
s	sh	s	a, i, u.
ç	s	ç	a, i, u.
z	z	z	a, i, u.
ź	jh	ź	a, i, u.
h	h	h	a, u.
thr	t̆r	thr	—
rp	q	rp	—
—	ñ	l?, rn?	—

R. vor dem persischen Worte bedeutet Rawlinsons
Bezeichnungsweise.

Berlin, gedruckt bei W. Moeser und Kühn.

Errata.

Trotz der mehrmaligen Correctur haben sich einige Fehler ein-
geschlichen, wegen deren die Entschuldigung der Leser in Anspruch
genommen wird. Die allerwichtigsten wollen wir aufführen:

S. 5. Z. 9. st. khu lies Khu.

   5. - 23. st. adakiya lies Adakiya.

   6. - 19. st. Γωβρυης lies Γωβρύας.

   6. - 20. st. gòsa lies gòśa.

- 7. - 14. st. tritt; lies tritt,.

- 8. - 8. st. ks lies kś.

- 8. - 20. st. organisch lies ursprünglich.

   8. - 17. st. 'g lies 'G.

- 9. - 8. st. pátuv lies pâtuv.

   9. - 9. st. Name lies Namen.

- 9. - 9. nach Katpatuka ein Semicolon.

- 9. - 22. st. grösste lies grössten.

- 9. - 25. st. dem lies dann.

- 9. - 30. st. då lies d'å.

  11. - 10. st. thah lies Thah.

  11. - 14. st. Gradform lies Grundform.

- 11. - 16. st. iranischen lies iranisches.

- 11. - 27. st. des lies die

- 11. - 30. st. Ksatrita lies ʿKsaṯrita.

- 12. - 12. st. pri, lies fri.

- 12. - 20. st. adrosnòt lies adrśnot.

  14. - 9. st. für lies Für.

- 17. - 15. st. des Tenuis lies der Tenues.

  17. - 16. st. Tenuis lies Tenues.

- 17. - 17. st. jener lies jenen.

- 17. - 19. nach Aspiraten ist einzuschalten: der Med.

- 19. - 3. st. Neupersisehe lies Neupersische.

- 20. - 1. st. untérschiedenen lies unterschiedenen.

- 20. - 8. st. Endigung lies Endung.

- 21. - 22. st. Ksajàrså lies ʿKsajàrså.

S. 22. Z. 5. st. Wortes lies Vocales.
- 22. - 7. st. Båktaraijå lies Båkt.
- 23. - 27. ist vor dem Worte nicht hinzuzufügen: sind.
- 24. - 5. st. unendtich lies unendlich.
- 24. - 16. st. Sicherern lies Sicheren.
- 25. - 14. nach dem Worte: möchten ein Semicolon.
- 25. - 18. st. schliese lies schliesse.
- 25. - 29. st. Mådébis, Mådébjas lies Mådébᶠis, Mådébᶠjas.
- 27. - 7. st. dieser lies diesen.
- 27. - 18. 19. st. didajå lies didåjå.
- 27. - 28. st. construiren lies reconstruiren.
- 29. - 23. st. båmijå lies bumijå.
- 30. - 7. nach: ist die Parenthese zu streichen.
- 30. - 15. st. Neut. lies Nom.
- 30. - 22. st. rad lies rådᶜ.
- 31. - 13. st. obłig. lies obliq.
- 31. - 15. st. veränderten lies verwandten.
- 31. - 17. st. gebildeten lies gebildet.
- 31. - 19. st. ahiåjå lies ahjåjå.
- 32. - 30. ist formellen zu streichen.
- 33. - 26. st. abañta lies ahañtå.
- 35. - 10. st. Lat. lies Lét.
- 35. - 16. nach akunavatå ein Komma.
- 36. - 6. st. des lies der.
- 41. - 13. st. die lies den.
- 41. - 14. st. vergleieht lies vergleicht.
- 41. - 22. st. streitend machten lies streitig machte.
- 44. - 3. st. sie lies sich.
- 47. - 7. st. jetzt das lies dass das.
- 50. - 27. st. leichten lies leichtern.
- 53. - 21. st. Ahendlandes lies Abendlandes.

————◄►————

For EU product safety concerns, contact us at Calle de José Abascal, 56–1°, 28003 Madrid, Spain or eugpsr@cambridge.org.

www.ingramcontent.com/pod-product-compliance
Ingram Content Group UK Ltd.
Pitfield, Milton Keynes, MK11 3LW, UK
UKHW010341140625
459647UK00010B/734